汉纺织大学学术著作出版基金资助出版

农业经济调查数据的缺失值处理：模型和方法

潘传快 著

Treatment of Missing Value in Agricultural Economic Research Data: Model and Method

汕頭大學出版社

图书在版编目（CIP）数据

农业经济调查数据的缺失值处理：模型和方法 / 潘传快著 . —汕头：汕头大学出版社，2018.10

ISBN 978-7-5658-3658-9

Ⅰ . ①农… Ⅱ . ①潘… Ⅲ . ①农业经济－调查－统计数据－研究－中国 Ⅳ . ① F32

中国版本图书馆 CIP 数据核字（2018）第 129133 号

农业经济调查数据的缺失值处理：模型和方法
NONGYE JINGJI DIAOCHA SHUJU DE QUESHIZHI CHULI：MOXING HE FANGFA

著　　者：潘传快
责任编辑：李金龙
责任技编：黄东生
封面设计：汤　丽
出版发行：汕头大学出版社
广东省汕头市大学路 243 号汕头大学校园内　邮政编码：515063
电　　话：0754-82904613
印　　刷：北京市金星印务有限公司
开　　本：787mm × 1092mm　1/16
印　　张：14
字　　数：201 千字
版　　次：2019 年 1 月　第 1 版
印　　次：2019 年 1 月　第 1 次印刷
定　　价：50.00 元
ISBN 978-7-5658-3658-9

序　言

中国是农业大国，虽然农业产值占GDP的比重不到10%，但农业就业人口仍占总就业人口的28.3%，农业仍旧是国民经济和社会发展的基础。在科学研究中，农业经济以及农业管理的研究仍是必要和重要的，而这些农业经济管理研究很多都需要通过农业经济调查获取数据，然后在数据分析的基础上得出结论。

跟任何调查一样，农业经济调查会遇到一个几乎不可避免的问题：缺失值，农户不回答或者调查人员疏忽都会让农业经济调查数据产生缺失值。但跟其他调查（如市场调查、民意调查）不同的是，农业经济调查有很强的特殊性，比如调查仍使用古老的人员访问方法、调查问卷中存在大量的开放性问题、能获得较多的辅助信息、随机性不高但农户调查配合度较高等。

结合农业经济调查的特点和数据缺失的原因，本研究提出了特定的假设条件：调查数据来自一个正态总体；调查数据是随机获得的；变量类型以数量变量为主；数据的缺失模式是单一缺失和一般缺失；数据的缺失机制是完全随机缺失（MCAR）和随机缺失（MAR）。基于这些基本假设，本研究针对农业经济调查数据的缺失值处理构建了一套较系统的模型和方法。这套模型有一个完整的逻辑体系，但为了叙述方便，分成三部分：删除模型、单一插补模型和多重插补模型，每一个模型又包括很多具体的方法。

本研究的基本逻辑是，根据假设和条件提出一个模型，在这个模型中提出基本方法，利用理论分析和模拟分析找出其缺陷，改进后提出新的方法；如果假设和条件改变，又使用新的模型，为新的模型寻求方法并分析改进。

删除是缺失值处理的最基础模型。大部分农业经济调查人员都利用该模型将缺失值当作无效数据删除，大部分的数据分析软件也默认删除缺失值。删除一般是指成列删除，也就是删除所有含缺失值的个案，留下完整数据。当数据的缺失比重很小时，删除缺失值倒也无所谓，但是当数据缺失比重较大或者变量很多时，就会导致大量个案被删除。本书用不同的缺失比例模拟随机产生农业经济调查缺失数据，分析发现当变量很少时，缺失比重略高一点删除比例也不会太高；但当变量稍微多一点，哪怕很小的缺失比重都将致使大量的数据被删除。

一个可供替代的删除方法是，如果我们不需要完整数据，只要使用可用的个案计算参数估计，就可以尽量减少数据删除，这就是成对删除。但成对删除会让估计量来自不同大小的样本，造成很多参数估计上的麻烦。此外，本书的模拟分析发现，其实成对删除在对缺失农业经济调查的相关关系估计上并没有显著超过成列删除。

当数据不是完全随机缺失（MCAR）时，无论成列删除还是成对删除都会产生有偏的估计。可以利用辅助信息将目标缺失变量分层，根据各层的完整观测数据计算各层均值，然后再将各层均值以缺失概率做权数加权平均，这样就可以在一定程度上弥补成列删除估计的有偏性，这就是加权调整的方法。本书通过模拟生成随机缺失（MAR）下的目标缺失变量和与之正相关的辅助变量，然后采用加权调整方法获得的均值估计非常接近真值，而成列删除的均值估计明显偏小。

用删除方法删掉的数据信息也许是有用的，再者，因为缺失值的存在而粗暴地删除农业经济调查数据，从心理上也是令人难以接受的，对数据的缺失值进行插补也许是一种更好的方法。插补分为单一插补和多重插补，前者指为缺失值提供单一插补值；后者是指每一个缺失值的插补值不止一个。插补的基本思想是根据数据的后验分布，用数据的观测部分为缺失部分提供合理的插补值。

简单均值插补是将目标缺失变量的观测部分的均值作为缺失值的插补，是最先能想到的单一插补方法。但简单均值插补的插补值完全集中于数据的中心位置，通过理论分析容易发现其显著低估了总体方差。一个解决方法是在其基础上加上随机误差项，这就是随机均值插补。本书还进一步做了一个模拟研究，那就是模拟产生变量正相关的农业经济调查缺失数据进行均值插补，最后发现其相关系数矩阵和协方差矩阵中的值明显小于真实相关系数矩阵和协方差矩阵的值。但无论简单均值插补还是随机均值插补，在数据非完全随机缺失（MCAR）的情况下，估计都是有偏的。分层均值插补可以修正这个问题，分层均值插补是指将目标缺失变量按照辅助信息分层，然后在各层中进行均值插补，这样其估计是无偏的。

分层均值插补虽然解决了一般均值插补的估计有偏问题，但插补值仍过于集中，回归插补可以解决这个问题。简单回归插补是指根据农业经济调查缺失数据的后验分布，利用数据的观测部分产生缺失部分的回归预测值，通过理论分析发现其对总体方差的估计仍偏小，可以加上随机残差项，这就是随机回归插补。对回归插补和均值插补进行对比模拟研究，结果显示回归插补是一个比均值插补更好的方法，尤其是随机回归插补有很好的插补效果，而简单均值插补是最不被推荐的。

如果农业经济调查缺失数据没有明显的后验分布，热平台插补方法会是更好的选择。热平台方法直接从数据的完整部分产生缺失部分的插补值，其插补值一般比较稳健，不用担心像回归插补一样产生异常的插补值。一个简单的热平台插补是从完整观测数据中简单随机抽样产生插补值，这就是简单随机插补。如果数据是随机缺失（MAR）的，一个更好的方法是利用辅助信息将目标缺失变量分层，然后在各层的完整观测数据中随机产生该层的插补值，这就是分层随机插补。热平台插补还有一个很有效率的方法，就是利用辅助变量，找到缺失值最接近的观测值作为自己的插补值，这就是最近距离方法。本书中的一个针对热平台插补和均值插补、回归插补进行对比的模拟分析发现，在完全随机缺失（MCAR）的情况下，基于热平台的随机插补效果显著好于均值插补，但可能比回归插补略差。

根据单一插补后的数据进行估计检验时，其标准误差常常是被低估的，多重插补是解决这个问题的最有效的模型。多重插补的基本思想是，对同一缺失值产生多个插补值，这样就产生多个"完整"数据，然后对每一个"完整"数据进行估计检验，最后将其汇总成一个总的估计检验结果。

基于单一缺失的一元正态模型仍然利用回归插补产生插补值，但其从两个角度让缺失值的不同插补值差异加大，一是跟回归插补一样在插补值中加入残差项，二是让每一次插补的回归模型参数随机产生。回归模型参数的随机产生方法有两种，一是根据回归模型参数的后验分布随机产生模型参数，这就是贝叶斯方法；二是用数据的 Bootstrap 样本来产生模型参数，这就是 Bootstrap 方法。本书首先分析了这两种方法的假设和理论，然后为了比较这两种方法的应用效果，在完全随机缺失的假设下模拟产生缺失数据，然后分别用贝叶斯法和 Bootstrap 方法进行插补，并跟单一插补进行比较，结果发现无论贝叶斯法还是 Bootstrap 方法，都有很好的估计检验效果，其估计的准确性显著超过单一插补。

多元正态模型是基于一般缺失模式的农业经济调查缺失数据的插补。多元正态模型，由于其缺失模式的复杂性，对缺失值的插补提出了更大的挑战。本书研究了其中应用最为广泛的联合分布方法以及条件分布方法的假设和理论。本书更进一步模拟了一个多变量随机缺失的农业经济调查数据，然后运用这两个方法进行插补，结果显示两者都有很好的估计检验效果，而且两者之间差异并不大，都是很好的方法。

在理论和模拟分析的基础上，本书对一次实际农业经济调查缺失数据进行了应用分析并取得了较好的效果。通过实际应用分析可以得到一个基本的结论，那就是如果数据基本符合缺失值处理模型的假设，多重插补优于单一插补，而单一插补又优于删除；如果不符合假设，比如出现极端值，那么基于明确后验分布的缺失值插补的效果会大打折扣，而此时基于热平台的插补方法会得到更稳健的结果。

本研究基于研究结果为农业经济管理研究人员在缺失值处理前和缺失值处理中两个阶段分别给出了一定的具体建议。在缺失值处理前的建议：调查前通过良好的问卷设计减少缺失值产生；调查中通过与农户良好的沟通减少缺失值产生；及时处理无意义值，以免跟缺失值混淆；不要用不科学的方法消除缺失值。在缺失值处理中的建议：正视缺失值问题；尽量不要删除缺失值；善于利用分类变量处理缺失值；插补缺失值前对缺失数据进行描述考察；单一插补时选择回归插补；在数据一般缺失时使用多重插补。

本研究可能的创新有：

第一，本研究率先关注了农业经济调查数据的缺失值处理问题，并基本厘清了其学理。虽然在农业经济调查中缺失值无可避免，但绝大部分农业经济管理研究人员都将其忽略了，更鲜有人对其进行系统研究，使得该领域的研究，特别是国内研究基本空白，这也是笔者开始这项研究的重要原因。

第二，本研究专门针对中国农业经济调查的特点模拟缺失数据进行分析，具有一定的创新性和开创性。本书针对中国农业经济调查数据的缺失值处理，提出了一整套具体而又可行的模型和方法体系，为了分析这些方法的可行性和使用条件，并对不同模型和方法的效果进行比较，采用了理论分析和模拟分析。而其中的很多模拟分析针对中国农业经济调查特点、缺失模式、缺失机制进行了专门的设计。

第三，本研究为农业经济调查数据中缺失值的实际处理和应用自编了一套具体的基于 R 软件的程序代码，并用于实际案例的应用分析，效果较好。该语言程序包括农业经济调查缺失数据的预分析、缺失值的处理和处理结果的定量分析。实际案例的处理结果显示，对于基本达到假设条件的农业经济调查缺失数据，本套语言程序能达到较好的缺失值处理效果。

目 录

1 导 论

1.1 研究背景和研究意义

1.1.1 研究背景

农业作为第一产业，是国民经济和社会发展的基础。中国是农业大国，中华人民共和国国家统计局公布的数据显示，尽管农业产值仅占中国 GDP 总值的 9.0%，但农业就业人口却占到总就业人口的 28.3%。对农业发展、农业经济以及农业管理的研究仍然在中国的社会和经济研究中占有重要的地位。而这些研究很多都是基于数据的定量研究，这就需要开展农业经济调查以搜集数据。

虽然无法精确统计在农业经济管理研究中开展农业经济调查的数量，但可以通过文献搜索进行大致的估计。在中国知网（http://www.cnki.net/）中，以“调查”为关键词搜索所有 1990—2016 年的农业类文献，其中在篇名中含“调查”的有 52815 篇，摘要中含“调查”的有 159105 篇。由此可见，在中国的农业经济管理研究中开展的农业经济调查的数量是庞大的，图 1–1 进一步展示了这些文献在各年份的变化情况，可以看到在 2008 年后基于调查的农业经济管理研究以迅猛的速度在增长。

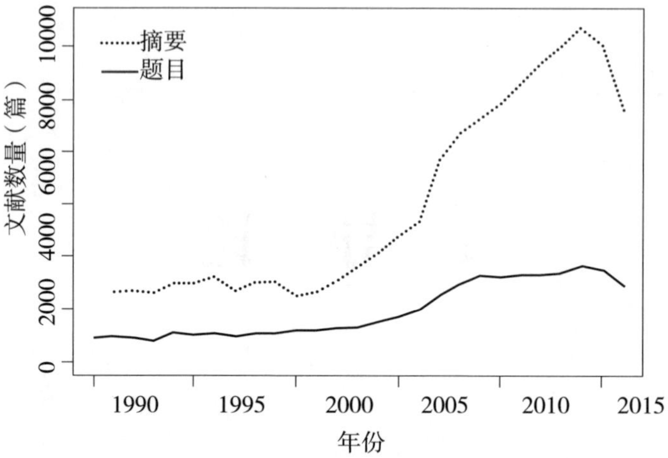

图 1-1　1990—2016 年农业文献题目和摘要中含有“调查”一词的文献数

资料来源：中国知网（http://www.cnki.net/）。由于时间原因，2016 年数据并不完整。

理想的情况是，所有的这些调查搜集到的数据都是完整、没有缺失的，但事实上是不可能做到的。只要是调查数据，就不可避免观测缺失的问题，正如 Allison（2002）所言，任何人在进行统计数据分析的时候，不管是早点还是晚点（通常是早点），都会遇到缺失数据的问题。所以，跟任何调查一样，农业经济调查数据中存在缺失值是极为常见的。受访者拒绝回答调查问题或者无法做出回答就会产生缺失值，比如在对柑橘种植户的调查中，种植户未统计过自己的家庭收入或拒绝回答，那么在家庭收入这个变量上就是缺失的；还有数据搜集者不小心的遗漏、由于疏忽造成的明显错误记录等都会产生缺失值。甚至调查问题的选项中就包含了“不知道”的选项，也即缺失值本身就是所观测变量样本空间的另一个点（Little 和 Rubin，2004）。

但是，与庞大的农业经济调查数量相比，农业经济调查数据中的缺失值问题几乎完全被忽视了。以相同的口径，在 1990—2016 年农业类文献全文中搜索“缺失值”或“缺失数据”，仅能搜索到 2529 篇，占包含农业经济调查文献数的 1.59%。图 1-2 与图 1-1 形成了鲜明的对比，而且在图 1-2 中我们还可以发现农业经济调查中的数据缺失问题在 2000 年以前几乎无人提及，在2005年以后才慢慢引起重视，但是总体数量仍然非常少。

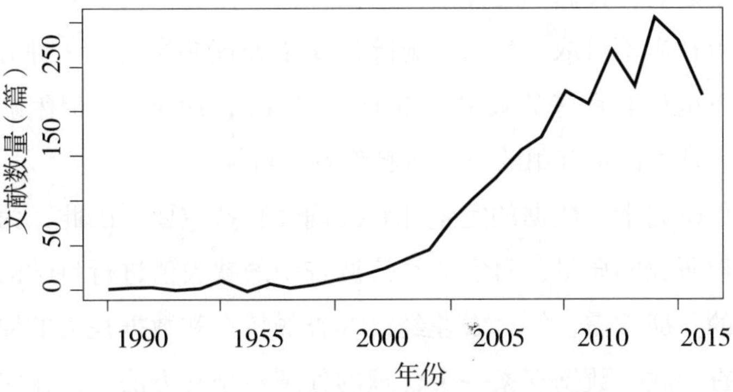

图1-2 1990——2016年农业文献全文含有“缺失值”的文献数

资料来源：中国知网（http://www.cnki.net/）。由于时间原因，2016年数据并不完整。

这说明在农业经济调查的数据整理和分析中，缺失值是个极容易被忽略的问题。很多农业经济调查人员也知道缺失值是棘手的问题，所以在农业经济调查中会想一些不科学的方法让数据完整。比如对农户无法作出的回答进行引导性提示，如当问农户的收入农户不愿回答时，暗示人家随便给个数字，或者对方不回答时调查者自己顺手填上一个自认为可能的值。当在农业经济调查数据的整理过程中遇到缺失值，整理者也会倾向于顺手填上一个自认为的可能值。纵使缺失值没被人为填补，在最终分析中农业经济调查研究人员也会将含缺失值的单元作为无效信息删除。再即使农业经济调查研究人员没有发现或者是忘记删除缺失值，在大部分统计软件，诸如SPSS、SAS、 Stata、R的数据处理中，都会自动忽略缺失值，从而使整个数据处理过程能流畅进行。所以缺失值问题很容易被忽略，在大部分农业经济调查研究人员看来，这也许根本就不是一个问题。

但是从研究的严谨性来说，如此粗略地处理缺失值会对农业经济调查的最终研究结果的准确性造成一定的影响。首先，调查者对被调查者的引导性提示是调查数据准确性的大敌，这是因为经引导性提示得到的数据是错误的，对一个错误的数据尚不如让其缺失，这样至少不会产生系统性偏差。其次，对缺失值的随手填补也是农业经济调查数据准确性的大忌，即使是对缺失值进行科学的插补，也是要冒风险的（Little 和 Rubin，2002），这是因为我们永远无法知道插补值和真实值的偏差，所以毫无依据地顺手填补实不可取。最后，删除确实是处理缺失值的一种方法，在既定的假设下也许有良好的效果（Glynn 和 Laird，1986），但因缺失值被一并删掉的信息也许是有用的，直接删除着实可惜。

在现代研究中，数据的完整性和准确性日益重要。因此，为了提高农业经济管理研究的质量，对农业经济调查中的缺失值进行科学的处理绝对是有必要的。那就需要结合农业经济调查的特点和数据缺失的原因，为农业经济调查的缺失数据探索一个合理的处理模型和方法。但在实际中农业经济调查研究人员基本忽略了这个问题，更不谈特别为之探索针对性的方法和模型。基于此，本研究期望在充分参考国内外关于缺失值的理论方法、农业经济调查研究文献以及大量分析农业经济调查实例的基础上，在一定范围内探索农业经济调查数据的缺失值处理的针对性模型和方法。

在本书中结合农业经济调查数据研究缺失值问题还有另外一层用意，那就是收窄假设条件。缺失值处理是一个庞大的理论方法体系，不同的缺失模式、不同的缺失机制、不同的变量组合都会产生不同的处理模型和方法。结合农业经济调查的特点，就可以提出仅限于农业经济调查数据的假设条件，以求在较小范围内完成较为系统的研究。

1.1.2 研究意义

如前文所述，在所有调查中缺失值都是不可避免的，农业经济调查亦如此。因此，对农业经济调查数据缺失值处理的模型和方法研究具有一定的理论意义和现实意义。

（1）为农业经济调查研究人员遇到缺失值问题时提供一定的理论指导。如前文所述很多农业经济调查工作人员会想用不科学的办法让数据完整，既然缺失值是无法避免的，所以想着如何消除它还不如想着如何面对它。对不愿回答的农户诱导性提示和无依据的随手填补缺失值绝不是科学的研究态度和方法。本研究力求为农业经济调查研究人员提供一套较为系统的理论体系，让研究人员正确对待处理农业经济调查中的数据缺失问题。

（2）为农业经济调查研究人员提供一套较为完善的缺失值处理模型和方法。缺失值问题被大部分农业经济调查研究人员所忽视，直接作为无效数据删除。在数据缺失比例很小的时候，忽视它可能影响不大，但是当缺失比例大时，对农业经济管理研究结果会产生一定的影响，所以在农业经济管理研究中应该正视缺失值问题。本研究尽可能为农业经济调查研究人员提供一套较为完整的缺失值处理模型和方法，以供参考。

（3）为农业经济调查研究人员提供具体的缺失值处理操作方法。也许很多农业经济调查研究人员注意到了缺失值问题，也知道方法，但苦于无法操作。本书写出了所列的各种模型和方法的基于R的机算计程序代码，并将该代码附于文后以供农业研究人员参考。由于R是一个免费开源的软件，所以有了这些代码研究人员操作起来几乎没有难度。

1.2 主要概念界定

1.2.1 农业经济调查

本研究主要是针对农业经济调查数据的缺失值问题，寻求合理的处理模型和方法，由此本研究最核心概念有两个：农业经济调查和缺失值。

本研究的农业经济调查是个很广泛的概念，包含了所有为农业经济管理、农业发展的研究需要所做的数据搜集（记录或访问），其中数据既包含定性的数据也包含定量的数据。农业经济调查的调查者为农业统计工作者或农业经济管理研究人员，被调查者为农业相关主体，包括农户、农业企业、农业合作社等。根据调查对象的不同农业经济调查可分为农户调查、农业企业调查、农业合作社调查等；根据研究方法的不同，农业经济调查可分为一次性调查和跟踪调查，前者是指专门组织的对农业经济主体进行一次性访问以获取数据，这种调查获得的数据多半是截面数据；后者主要是指用相同的口径和问卷定期对固定的农业经济主体进行的回访式调查，这种调查获得的数据多半是时间序列数据。本研究所指的农业经济调查更多是指一次性调查，调查对象为农户，调查方式为抽样，获取的数据主要为定量的截面数据。

1.2.2 缺失值

缺失值（Missing value），在很多文献中又称缺失数据（Missing data），两者在不同文献不同场合中均有出现，但意思几乎没有区别。细究起来，两者在使用语境上有点差别，说“缺失值”的时候是指数据中含有缺失的值，说“缺失数据”的时候是指这是一个含有缺失值的数据，但两者的意思是一样的，在本研究中为了结合语境这两个术语均有用到。

具体到农业经济调查数据，缺失值是指因农业经济调查人员疏忽、被调查农户拒绝或者无法回答所造成的调查数据中某些单元或者项目的数据为空。甚者，缺失值还包含一种情况，那就是农业经济调查问卷的问题中就存在“不确定”“不知道”等选项，意即缺失值本身就是所观测变量样本空间的另一个点（Little 和 Rubin，2004），那么农户选择该选项，所得到的答案也是无意义的，也可以当成缺失值处理。

缺失值还有一种情况，就是农户虽然没有拒绝回答，但给出了明显虚假的回答，也可以鉴定为缺失值。不过这没有一个量的标准，需要农业经济调查研究人员根据实际情况判断，但有些是明显的，比如回答柑橘的平均销售价格时给出的答案是 0.02 元，显然不符合实际，就可以当作缺失值。

需要注意的是缺失值隐含的一个意思是其真值是存在的，只是由于客观原因无法获得，这跟那些取值无意义的变量是有本质区别的。比如问农户果园农家肥的使用量，而有些农户不使用农家肥所以不作回答，问卷这一项空白，但其实这不是缺失值，而是取值为 0。这种情况在调查中应该及时处理，以免混淆缺失值。

当然，本研究还会涉及其他一些具体的概念，将在以下各章节中，结合具体的分析给出界定。

1.3 问题的提出与研究目标

1.3.1 问题的提出

如前文所述，在农业经济调查中缺失值是不可避免的，因为调查者疏忽和被调查者无回答永远都是调查中不可避免的问题。但同时在农业经济调查的数据整理和分析中，缺失值又是个极容易被忽略的问题。这是因为在大部分人工数据处理或者计算机软件数据处理中都自动把缺失值当无效数据删除了。

对缺失值的删除可分为成列删除和成对删除，一般意义上的删除指的是成列删除，即当数据中一个单元某一变量出现缺失值时，就整行删除这个单元的所有数据，无论该单元其他变量是否缺失。这种删除方法是计算机软件的默认删除方法，当然，数据处理人员也是用这种方法删除含缺失值的数据。现在的问题是，删除是不是一个好的缺失值处理方法？这需要考虑到很多因素：

其一，缺失比例的高低。当缺失比例很低时，采取对缺失值进行删除的方法可能对最后的分析影响甚微，但是当缺失比例略高时，删除比重就会很高。还有一种情况，当调查数据包含很多变量时，单个变量极小的缺失比例由于交叉效应也会对数据造成很大比重的删除（van Buuren，2012）。此时如果还采取删除方法是难以令人接受的。

其二，缺失机制。如果农业经济调查的数据的缺失是完全随机的，那么删除的单元可以看成完整数据的一个简单随机样本，利用删除后的数据所进行的估计是无偏的（van Guilder，1981）。但是如果数据缺失不是完全随机的，那么删除以后计算的估计就是有偏的，比如当收入越高的农户越不愿意告诉调查者自己的家庭收入时，删除缺失值后计算的均值会低估农户的平均家庭收入。

其三，心理因素。农业经济调查的数据无论是否缺失都是农业经济调查工作人员的辛苦成果，将其粗暴删除，从心理上也是令人难以接受的。

所以除非农业经济调查数据的缺失比例很低，而且完全随机缺失，否则删除都不是值得推荐的缺失值处理方法（Little，1992）。更科学的缺失值处理方法是尽可能地保留或者利用这些信息，基于贝叶斯统计思想，从缺失数据的后验分布中产生对缺失值的插补使其“完整”，或者用基于后验分布的最大似然方法对缺失数据进行估算。

1.3.2 研究目标

本研究总的目标是对农业经济调查数据的缺失值处理探索出较为系统的理论和方法体系，并用于实际数据处理。具体而言包含以下目标：

（1）结合农业经济调查的特点和数据缺失原因，为农业经济调查中的缺失值处理探索合适的处理模型，并从理论上分析对比这些模型的适用条件和优劣。

（2）根据模型，为农业经济调查的缺失数据探索切实可操作的处理步骤和方法。然后根据不同模型和方法构建一套较为系统的农业经济调查缺失值处理方法体系。

（3）利用模拟技术，模拟农业经济调查数据，按照不同的缺失值处理模型和方法予以处理，并比较不同的模型之间的处理效果。

（4）根据真实农业经济调查的缺失数据运用合理的模型和方法进行实际处理并观测实际分析效果。

（5）为农业经济调查研究人员在处理缺失值问题上提供一定的建议。

1.4 技术路线与结构框架

1.4.1 技术路线

本研究的一个基本思路是，在充分参考农业经济调查和缺失值处理的相关文献基础上，结合农业经济调查的特点和数据缺失原因，为农业经济调查的缺失数据寻找合适的缺失值处理模型和具体处理方法。基本逻辑是先从理论上分析不同缺失值处理方法的优劣，然后利用模拟分析比较不同缺失值处理方法在数据实际分析中的优劣，然后选用合理的模型和方法对真实案例进行实证分析，最后得出结论和向处理缺失值的农业经济管理研究人员提出一定的建议。具体的技术路线如图 1–3 所示。

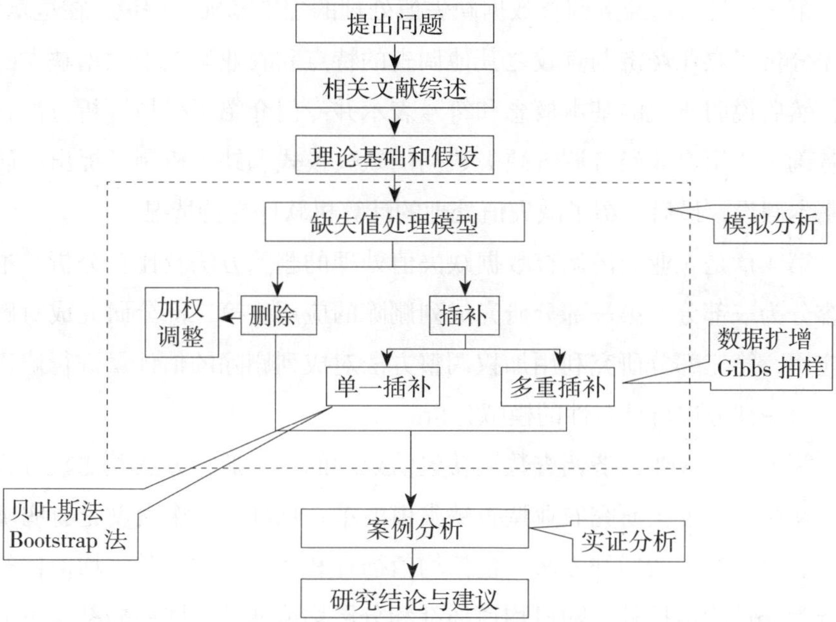

图 1–3 技术路线

1.4.2 结构框架

根据上文所述的研究路径，结合研究顺序和论述的逻辑性，本书所有的内容被分成 8 章，具体各章的内容安排如下：

第 1 章是导论。在这章中首先对本研究的背景和现状进行论述，提出研究的意义，然后对研究中最主要的两个概念——农业经济调查和缺失值作出界定，接着提出研究的问题和研究期望达到的目标，再接着说明研究的思路和结构以及研究方法和数据来源，最后点出本研究可能的创新以及不足，对进一步的研究进行展望。

第 2 章是关于农业经济调查数据缺失值处理问题的文献综述。本章的文献综述从两个角度给出，一个是关于缺失值处理的基础理论和方法方面的文献综述；另一方面是关于具体结合农业经济调查数据的缺失值处理模型和方法的文献综述，分别从国外研究和国内研究两个方面进行叙述。

第 3 章是农业经济调查数据缺失值处理的理论基础和假设。在这章中，首先分析了农业经济调查较之其他调查的特点和农业调查中数据缺失的原因，然后说明研究的基本概念和符号表示并专门介绍了模拟分析方法，在此基础上介绍农业经济调查缺失数据的缺失模式和缺失机制，提出本研究的基本假设，最后介绍了缺失值处理的计算机软件支持情况。

第 4 章是农业经济调查数据缺失值处理的删除方法及比较分析。本章内容分为三部分，第一部分研究成列删除的应用，第二部分研究成对删除的应用，第三部分研究利用加权调整方法对成列删除的估计量进行修正，并在每一部分进行针对性的模拟分析。

第 5 章是农业经济调查数据缺失值处理的单一插补方法及比较分析。本章从两个角度去研究农业调查缺失值的单一插补，一个角度是有明确模型（后验分布）的插补方法，包括均值插补和回归插补，其中均值插补又可分为简单均值插补、随机均值插补和分层均值插补，回归插补又可分为简单回归插补和随机回归插补；另一个角度是没有明确模型的插补方法，即热平台插补方法，具体包括简单随机插补、分层随机插补和最近距离插补。本章针对平均插补和回归插补、热平台插补和明确模型的插补分别做了两个模拟研究。

第 6 章是农业经济调查数据缺失值处理的多重插补方法及比较分析。本章先介绍多重插补的基本思想和理论框架，然后具体分析多重插补的两个模型，一个是一元正态模型，另一个是多元正态模型。对每一个模型，本章分别研究两种多重插补方法，对一元正态模型使用的是贝叶斯法和 Bootstrap 方法，对多元正态模型使用的是联合分布方法和条件分布方法，并对一元模型和多元模型各涉及的两个插补方法进行模拟比较分析。

第 7 章是实例分析。本章对实际搜集到的农业经济调查缺失数据进行处理，先探索原始数据的缺失信息，再分别用删除、单一插补和多重插补方法对缺失值进行处理和比较，最后用处理后的数据进行分析，得到分析结果。

第 8 章是结论和建议。本章首先给出本研究的结论，然后对研究人员在处理农业经济调查缺失数据时提出一定的建议。

1.5 研究方法与数据来源

1.5.1 研究方法

本书是基于农业经济管理问题的研究，农业经济管理理论是完成本项研究的重要保证，但研究过程中也运用了大量的理论分析，而其中大部分的分析方法都是定量分析方法，统计方法，特别是贝叶斯统计方法在其中起到了重要作用。具体地讲，在以下各章中会涉及这些研究方法：

（1）基础描述统计和推断统计方法。包括对数据的位置、尺度、形态的描述和推断，变量间相关关系和回归关系的描述和推断，以及借助直方图、箱线图、散点图对农业经济调查数据的展示。进一步，本书在数据的描述和展示中用到了一些高级统计图形技术，比如相关矩阵图、相关散点图、核密度图等，达到很好的描述效果。

（2）贝叶斯法。总的来说，农业经济调查中缺失值处理的思想是建立在贝叶斯思想上的，因此贝叶斯法在本研究中起到基础性的作用。这是因为缺失值处理最理想的一个思路是从数据的后验条件分布中完成对缺失值的插补或进行最大似然估计。

（3）马尔科夫蒙特卡罗（MCMC）法。MCMC 方法基于一种迭代算法，其基本思想是利用马尔科夫链运用模拟方法让其收敛，最终得到理想的结果。在本研究的缺失值处理中，特别是多元正态模型中就是利用 MCMC 方法对缺失值进行插补，具体用的迭代算法有数据扩增（DA）法、Gibbs 抽样方法及 EM 算法。当然，这些迭代算法和模拟方法需要大量的运算，靠人工完成是不可能的。

（4）重抽样法。重抽样方法的一个基本思想是从获取的样本中再抽样，然后利用再抽样样本之间的差异来计算估计量的差异的一种非参数统计方法，严格来讲，重抽样技术也是一种模拟方法。重抽样方法有 Jackknife 方法和 Bootstrap 方法，本研究主要应用的是 Bootrstrap 方法。

（5）模拟方法。模拟方法是本研究中进行数据分析时最常用的方法，在本研究中有着重要的地位。在本研究中应用模拟方法模拟产生原始农业经济调查数据，然后模拟缺失，再用相应的缺失值处理模型和方法对其进行处理，最后对处理结果进行分析比较，最终得出结论。由于数据完全基于模型和假设产生，因此据其的分析结论是很有说服力的。更详尽的模拟方法的介绍见第 3 章。

（6）最大似然方法。利用数据的后验条件分布，用最大似然方法产生缺失数据的最大似然估计，是处理缺失值的重要方法。本书虽未系统研究这个方法，却用到这个方法来产生迭代算法的初始值。

1.5.2 数据来源

本研究的分析数据有两来源：第一个是模拟数据，第二个是实际案例。

（1）模拟数据。如上文所述模拟分析方法是本研究的重要方法，在本研究的理论分析和方法比较中所用的数据来自计算机的模拟。模拟数据有一个特点，它是随机产生的，意味着不同研究者甚至不同时候采用同样的方法程序代码也会得到不一样的数据。但是在本书所用的模拟数据中，用了随机数种子，意味着利用本书所提供的 R 代码可以得到跟本研究一样的数据，本研究所使用的 R 代码附在附录中。

（2）实际案例。作为本研究的应用，本书使用了一个真实的农业经济调查缺失数据进行缺失值处理分析。该数据为国家现代农业产业技术体系（柑橘）于 2016 年 1 月至 12 月在中国柑橘主产区（湖北、湖南、广东、广西、江西、浙江、四川、重庆、福建等），针对各品种柑橘种植户进行的柑橘成本收益调查。

1.6 可能的创新与不足

1.6.1 可能的创新

基于对目前国内农业经济调查中缺失值处理的相关文献的检索和参阅基础上，在现阶段本研究可能在以下方面有所创新：

（1）本研究率先关注了农业经济调查数据的缺失值处理问题，并基本厘清其学理。虽然在农业经济调查中缺失值无可避免，但绝大部分农业经济管理研究人员都将其忽略，更鲜有人对其开展系统研究，使得该领域的研究，特别是国内研究基本空白。在数据的准确性和完整性日益重要的今天，忽略缺失值和对缺失值的简单处理实不足取，而科学的处理能挽救大量看似无效实则有用的数据，这也就是笔者进行这项研究的重要原因。

（2）本研究专门针对中国农业经济调查的特点模拟缺失数据进行分析，具有一定的创新性和开创性。针对中国农业经济调查数据的缺失值处理，提出了一整套具体可行而逻辑完整的模型方法体系，包含三个模型：删除模型、单一插补模型和多重插补模型，每个模型又有不同的方法。为了分析这些模型和方法的可行性和使用条件，并对不同模型和方法的效果进行比较，采用了理论分析和模拟分析。而其中的很多模拟分析针对中国农业经济调查特点、缺失模式、缺失机制进行了专门的设计。为了提高分析的质量，本书很多模拟分析中设计的迭代次数和模拟次数是惊人的。

（3）本研究为农业经济调查数据中缺失值实际处理和应用自编了一套具体的基于 R 软件的程序代码，并用于实际案例应用分析，效果较好。该语言程序包括农业经济调查缺失数据的预分析、缺失值的处理和处理结果的定量分析。实际案例的处理结果显示，对于基本达到假设条件的农业经济调查缺失数据，本套语言程序能达到较好的缺失值处理效果。这些自编的 R 程序代码附于文后，一者供本书分析结果复验，二者供研究人员使用这些代码处理农业经济调查数据的缺失值。

1.6.2 不足之处与展望

在国内外众多研究的基础上，本书在农业经济调查数据的缺失值处理问题上可能做了一点贡献，但这绝不是一个完美的研究，限于研究者自身的水平和研究条件，本研究还是有一些不尽如人意的地方。主要有：

（1）缺乏对农业经济调查数据中分类变量缺失值的研究。结合农业经济调查的特点和缺失值处理理论，本研究更多是建立于数量型变量的，但是农业经济调查中分类变量的缺失也是存在的，需要更进一步的研究。

（2）缺乏对基于贝叶斯统计的最大似然方法的系统研究。本书结合农业经济调查重点研究了缺失值的插补理论方法体系，无法很好地将最大似然方法纳入这个体系，虽然用到了最大似然估计，但未系统研究，这对研究者来说是个缺憾。

（3）实际软件操作的便利性还偏低。本书虽然自编了一套针对农业经济调查缺失数据的 R 程序代码，但由于研究者的计算机水平所限，在使用这套代码时尚需很多繁杂的步骤，希望在进一步的研究中，能将这套代码编成函数甚至是 R 包（R package），这样农业经济管理研究人员只要按照标准的格式将农业经济调查缺失数据输入，就能自动产生缺失信息报告、缺失值处理结果以及分析结果。

所以，若无意外本研究将继续，希望通过研究者不断努力地学习、探索，使该研究不断地完善。

2 农业经济调查数据缺失值处理的文献综述

本研究的目标是结合缺失值处理的理论方法和农业经济调查的特点为农业经济调查中存在的缺失值探索合理可操作的处理方法。基于该目标，本研究在文献的的寻找和参阅上依着两个路径：基础理论方法和具体实际问题。第一条路径就是国内外关于缺失值处理的理论和方法的文献参考，包括缺失值处理的研究历史、缺失值处理的理论体系、缺失值处理的方法、缺失值处理的计算机实现、缺失值处理的前沿理论和方法及争论、缺失值处理的最新动向等。第二条路径就是国内外关于农业经济调查数据的缺失值问题的文献参考，包括农业经济调查的特点、农业经济调查数据缺失值产生的原因、农业经济调查数据缺失值的特殊性、农业经济调查数据缺失值的处理方法等。基于第一条路径，可以为本研究构架基础的理论体系和分析方法，基于第二条路径可以为本研究探索到针对性的方法和操作手段。此外，作为对比和借鉴，对非农业经济调查领域的缺失值处理研究也进行了一定的参考。在本章的文献综述中，将按照这两个路径分别综述缺失值处理的理论方法方面的文献和具体的农业调查缺失值问题的文献，为了方便论述分别区分为国外文献综述和国内文献综述。

2.1 缺失值处理的理论和方法的研究综述

2.1.1 国外缺失值处理的理论和方法的研究综述

如 Allison（2002）所言，任何人在进行统计数据分析的时候，不管是早点还是晚点（通常是早点），都会遇到缺失数据问题。因此缺失值的处理问题不是一个很新的研究，但由于其复杂性和争议性，在国外研究中一直是个前沿课题。国外研究者们对缺失值问题的研究也基于两方面，其一是基础理论和方法的研究，其二是结合具体的缺失数据特点进行针对性研究。下面主要集中对缺失值理论和方法进行综述。

缺失值问题最早可以追溯到统计调查研究人员对调查中的无回答问题关注（Bowley，1915），调查无回答问题和缺失值问题基本上意思是一样的，但早期的研究并没有涉及调查中产生缺失值问题后的处理，只是提出了调查中无回答的原因和避免方法（Deming，1944）。

缺失值的定量研究处理方法出现的相对较晚，最早在试验数据中被最先使用。Yates（1933）在对含有缺失值的数据进行的最小平方估计以完成方差分析（ANOVA）被认为是缺失值定量处理的萌芽，当然那时候还没有缺失值的概念。Barlett（1937）发展了 Yates 的方法，用猜测值对缺失值进行插补，然后使用协变量进行协变量方差分析（ANCOVA）。

对调查数据的缺失值处理，最初还是基于传统的分析方法，删除缺失值后用完整数据进行分析。当然也有研究人员注意到了缺失值删除产生的偏差，然后借助传统的加权平均思想对删除缺失值后计算的均值加以调整（Deming and Stephan，1940；Hansen and Hurwitz，1943）。加权调整方法的最大争议是如何选择权数，在这点上 Politz 和 Simmons（1949）跟 Horvitz 和 Thompson（1952）的贡献是显著的，前者提出了以被调查者在家的天数作为响应概率加权，后者提出了按调查单位被抽中的概率的倒数加权，两者都是经典的加权调整方法。当然其后加权调整方法还是加入了很多新的研究（Oh and Scheuren，1983； Little，1986；Robins and Rotnizky，

1995；Lipsitz et al.，1999），但都是在他们研究的基础上修正。

毕竟缺失数据基于完全观测的成列删除会浪费太多信息，加权调整也只是简单的修补；成对删除基于可用数据分析能减少删除，但其效果成疑（Kim and Curry，1977），甚至有研究显示其效果尚不如成列删除（Haitovsty，1968）。于是插补的思想和方法更多被采用，插补是指不删除缺失值，而是用一个值来填补它。早期的插补思想更多是是基于单一插补的。最早的插补思想是用完整观测均值作为插补值的简单均值插补，这也是最先能被研究者想到的插补方法。简单均值插补的效果显然是糟糕的，对其的改进是回归插补，利用辅助变量的条件分布模型产生插补值（Buck，1960），以及分层均值插补，即利用辅助变量为缺失变量分层，然后在各层中产生插补值（David，1983；Little，1986）。此外，Herzog 和 Rubin（1983）还对回归插补方法进行了改进，在简单回归插补的基础上加入随机残差项，是其插补值的差异性加大。

基于过去数据对缺失值插补的冷平台方法（Nordbotten，1963；Chapman，1976）也是较早被使用的插补方法，冷平台插补方法比较受限于使用条件，那么利用已观测数据对缺失值进行插补的热平台方法更有实用性（Ernst，1980；Ford，1983），这些方法包括直接从完整观测中随机产生插补值（Soquist，1971；Chaqman，1976）、利用辅助信息将目标缺失变量分类产生插补值（Oh and Scheuren，1980；Ford，1983）、以及根据辅助变量为缺失值找到最近距离的的观测值作为插补值（Sande，1982；Kalton and Kish，1984）等。热平台插补由于其适用性直到今日都受研究者追捧（Andridge and Little，2010；Kim and Fuller，2014；Sullivan and Andridge，2015）。

单一插补的一个问题是，其往往低估估计和检验的统计量，在抽样推断中导致更窄的置信区间和更显著的检验统计量。第一个解决思路是对单一插补的估计标准误差进行修正，比较好的方法是采取重抽样方法予以修正。比较有代表性的重抽样修正插补值方法有 Jackknife 法（Rao and Sao，1992；Rao，1996） 和 Bootstrap 法（Chen，1998；Shao，2002）。

它们的基本思路是利用单一插补后的“完整”数据，产生 Jackknife 样本和 Bootstrap 样本，前者的方法是每一次抽样的样本容量较母样本减少 1 个（Miller，1974；Efron，1994），后者是对母样本重复可放回地抽样得到子样本（Fay，1996），这样以后都达到一个目的就是使重抽样样本之间存在差异，然后以重抽样样本之间的差异来弥补单一插补标准误差的低估。由于 Bootstrap 可以无限抽取重抽样样本，所以被更广泛地使用（Little，1992）。但是一个更好的方案是，将插补次数增加，以不同插补值之间的差异来修补单一插补值的方差低估，这就是多重插补思想。

多重插补的概念虽然在 2005 年方被提出（Scheuren，2005），但其思想要追溯到 1978 年（Rubin，1978a），然后 Rubin（1978b，1979）将其完善，提出了一个综合的处理模型和方法，再之后 Rubin（1986）、Li 等（1991）、Meng 等（1992）对其理论，特别是估计理论进行完善。多重插补的一个基本思想是对同一缺失值的插补值不止一个，这样就产生多个“完整”数据，然后利用不同“完整”数据的分别估计，最后汇总成总估计，这样将不同“完整”数据之间的差异化为估计标准误差的一部分。但是，多重插补绝不是单一插补的简单推广，其模型和方法较单一插补要复杂得多。首先的一个问题是由于插补值不能基于明确模型产生，Rubin 和 Schenker（1986）提出的近似贝叶斯 Bootstrap 是一个非常重要的模型，它利用分层 Bootstrap 样本产生对模型参数的估计，这样使多重插补的插补值之间差异更大。当然，直接的 Bootstrap 在一元正态模型中也是可行的（Heitjan and Little，1991；Efron and Tibshirani，1993）。其次是多重插补的结果汇总问题，Rubin（1987）先提出了基于多重插补的估计检验统计量计算方法，更多完善工作由 Little（1992）、Little 和 Rubin（2002）进一步完成。最后在具体一般缺失模式下的插补方法上，由于插补值和插补模型参数互相影响，所以不能用固定算法产生插补值而只能用迭代算法，基于不同迭代算法，研究者们也对多重插补进行方法上的完善，比如 Schafer（1997）提出基于 Gibbs 抽样的联合分布多重插补模型，根据缺失数据的具体缺失模式，在每一模式中利用观测数据插补缺失数据，van Buuren 等（1999）、King（2002）等基于数据扩增（DA）算法的全条件分布模型，根据每一个目标缺失变量基于剩余变量的条件分布，逐个变量插补。

多重插补还有一个特殊研究，那就是截尾数据，众多研究者根据不同的截尾数据展开研究，比如右截尾数据的多重插补（Wei and Tanner，1991；Geskus，2001，Liu et al.，2011），左截尾数据的多重插补（Lyles et al.，2001，Lynn et al.，2001），双截尾数据的多重插补（Royston，2007；Zhang et al.，2009）。总之，多重插补被认为是合理的缺失值处理方法而被广泛使用（Bartlett et al.，2015；Enders，2016）。

虽然多重插补是处理缺失值的良好方法，但其他方法也有很好的效果。比如基于缺失值估计得最大似然（ML）方法。缺失数据的最大似然方法是基于贝叶斯统计思想（Cox and Hinkley，1974），利用观测数据的后验分布为模型参数提供最大似然估计，这样估计可以尽可能多地利用观测信息。Rubin（1976）给出了缺失数据基于似然推断的数学处理方法，但更完善的理论方法由 Little 和 Rubin（1987）给出。Little 和 Rubin 的最大似然估计是基于正态模型的，Breslow 和 Clayton（1993）提出了一个广义线性混合模型的最大似然推断，Heitjian 和 Rubin（1991）对含极端值、截断值等异常值的数据进行了最大似然推断。

在缺失数据的最大似然中求极值常常是困难的，借助计算机的强大运算能力，引入一些迭代算法成为必要。其中最著名的迭代算法是期望最大化（EM）算法，EM 算法求极值不是固定算法，而是通过 E：求期望和 M：最大化似然不停迭代计算，最终得到收敛的最大似然估计。Dempster 等（1977）最早将 EM 算法引入缺失数据的最大似然估计，并对该理论进一步完善。Meng 和 Rubin（1993）提出的 ECM 算法有更广泛的推广性。此外 Lin 和 Rubin（1994）提出的 ECME 算法、Liu 等（1998）提出的 PXEM 算法、Louis（1982）提出的 AEM 算法都是对 EM 算法的补充。

缺失值插补尚有许多难以解决的前沿问题，比如基于纵向数据的插补，基于非随机缺失机制的插补。近年来，Tang 等（2014）、Kropko 等（2014）、Kwon 和 Tang（2016）等对相关问题展开研究，取得了一定的效果。由于跟本研究相关性不大，就不展开阐述。

2.1.2 国内缺失值处理的理论和方法的研究综述

国内的缺失值研究起步明显晚于国外，最早的缺失值处理的研究也是基于含缺失值试验数据的方差分析（张炎，1984；赵景波等，1988）。而最早研究调查数据中的缺失值问题的是金勇进（1996），然后其分别从缺失值的辅助信息（金勇进，1998）、缺失值的偏差校正（金勇进，2001a）、缺失值的加权调整（金勇进，2001b）角度对调查中的缺失问题进行了研究。进一步，金勇进和邵军（2009）较系统地论述了缺失值处理的模型和方法，特别是对加权调整、纵向数据缺失值处理以及基于似然的估计方法做了较为详尽的论述。

此外，几乎没有研究者对缺失值处理的基础理论和方法进行系统性研究。研究者更多地是结合具体的缺失数据集中于特定的缺失值处理方法和技术进行零星的研究。

刘鹏等（2004），比较了成列删除、贝叶斯插补、贝叶斯多重插补、增益贝叶斯插补种失值处理方法的效果。李序颖（2005）结合空间自回归模型，对实际截面空间数据的缺失值进行插补。杨涛等（2005）将热平台插补方法中的基于马氏距离的最近距离算法（KNN）用以插补基因表达数据中的缺失值。胡红晓等（2007）分析了在数据挖掘过程中对缺失值的处理，重点采取的是多重插补方法。杨军等（2008）对缺失值处理理论包括缺失机制、缺失模式、处理方法进行综合的介绍并提出了处理缺失值的建议。田霆和赵次华（2006）、赵志文等（2009）对定时截尾数据中的缺失值问题进行研究。尹吉平（2009）基于模拟数据对缺失数据根据状态空间模型进行插补，并进行了比较。刘凤芹（2009）将基于链式方程的多重插补方法（MICE）应用于实际数据插补，并比较了该方法与其他多重插补方法。郭超和陆新建（2010）分别采取成列删除、简单插补和多重插补方法用于工业过程中过程数据的缺失值，并将三种方法进行比较。花琳琳等（2012a；2012b）利用计算机模拟生成 HIV 血液样本缺失数据，分别采用成列删除、回归插补、EM 算法插补以及多重插补对模拟的缺失数据进行插补，在不同的缺失比例下比较这些插补方法的效果。

近几年来，国内研究者对缺失值的研究无论是数量和质量上都有显著的提高，也对缺失值的前沿问题做了一定的研究。金连登（2013）基于大数据的背景，研究了大数据下的缺失值插补，提出了 Map-Reduce 算法对大数据缺失值插补。沈琳等（2014）提出了缺失森林算法用于缺失值插补，并发现效果显著好于成列删除。孟杰和李春林（2014）将随机森林模型引入调查问卷缺失数据的插补研究中，提出了基于随机森林模型的分类数据缺失值插补方法。武瑞仙等（2015）利用蒙特卡罗方法模拟数据，然后比较不同缺失比中下下成组删除法、极大似然法以及多重插补法缺失方法的处理效果。庞新生和李萌（2015）介绍了三种多重插补模型，分别是非参数插补模型、半参数插补模型以及参数插补模型，并比较了它们的优劣和使用条件。

但是总的来说，缺失值问题目前尚没有足够引起国内研究者的注意和兴趣，是一个非常冷门的研究。虽有些零星研究，但系统研究并不多见。而这些研究基本只抓住缺失值处理理论和方法中的一个点论述，这让系统地进行文献综述几乎难以实现。一个很有可能的原因是，大部分研究者忽略了缺失值问题，都认为缺失值就是无效数据，删除即可，不构成问题。

2.2　农业经济调查数据缺失值问题的研究综述

2.2.1　国外农业经济调查数据缺失值问题的研究综述

结合具体的缺失数据特点，国外研究者们针对不同研究领域中出现的缺失值进行了具体研究，比如企业调查的缺失数据处理（Colledge，1978）、临床数据的缺失值研究（Wood et al.，2004；Burton and Altman，2004；Molenberghs and Kenward，2007）、教育研究中的缺失值问题（Peugh and Enders，2004）等。

具体到农业经济调查领域，对农业经济管理研究和农业经济调查的特点的研究历史会更长。Bartlett（1937）很早就开始了对农业经济调查的研究，在通过许多农业经济调查案例分析基础上总结了农业经济调查的特点并提出了针对性的设计方法。此后更多研究者加入，他们总结了农业经济调查与其他调查的差异，提出了针对性的设计建议（Ward and Proctor，1980；Rhoades，1982；Feder，1985），Gomez K 和 Gomez A（1984）进一步总结了农业经济调查中数据缺失的原因。在近年的研究中，农业经济调查空间分布广泛、被调查者离散等特点被更多地关注（Benedetti 等，2010；Cotter 等，2010），在此基础上结合现代科技提出了空间模型、航拍统计和卫星图像等新的农业经济调查方法（Gallego 和 Delincé，2010）。

早期的农业经济调查缺失值问题中，比较分析数据缺失更多地被单独关注（Cochran and Cox，1957； Dowies，1960；Afifi and Elashoff，1962）。Gomez K 和 Gomez A（1984）系统地提出农业经济调查中比较分析数据的分析方法，包括含缺失值的比较分析数据的方差和协方差估计方法。而早期研究中农业经济调查的调查数据缺失值问题很少被单独提及。更多定性研究集中在结合农业经济调查的特点在农业经济调查中减少数据缺失（Singh et al.，1986；De Leeuw，2001）。

此后结合农业经济调查的特殊性，研究者对其含缺失值的数据进行针对性研究。Littell（1990）提出了基于农业经济调查缺失数据的最大似然估计（ML）方法；Muller 和 Zeller（2002）提出了利用空间数据和卫星图像数据修补农村调查数据的缺失值和不合理值。Olinsky 和 Chen（2003）等利用农业经济调查数据为例，采取结构方程模型对农业调查缺失值进行插补，并对该方法的效率进行对比。Lokupitiya 等（2006）利用美国农业部（CA）和农业调查局（NASS）基于农户的农作物调查数据中的缺失值，结合调查缺失数据的特点，分别采取回归插补、核平滑插补、趋势分析插补以及多重插补并得出多重插补和回归插补效果最优，核平滑插补效果最差的结论。近年的研究中，基于似然的方法以及多重插补等成熟的缺失值处理方法都被引入农业经济调查的缺失值处理中（Benedetti et al.，2010；Stekhoven，2015）。

2.2.2　国内农业经济调查数据缺失值问题的研究综述

在国内缺失值具体问题研究中，医学、卫生统计数据更为多见。而寻求国内关于农业经济调查中的缺失值问题的文献是困难的，如前文所述，并非在涉及农业经济调查的研究中没出现缺失值问题，而是该问题并没有如国外研究一样引起足够的重视。

我们先对农业经济调查数据缺失值的国内研究数量进行一个简单的统计。以中国知网（http://www.cnki.net/）为搜索平台，搜索从1990—2016年农业类的所有期刊，其中论文题目中包含“缺失值”或“缺失数据”的仅有11篇；关键词中包含“缺失值”或“缺失数据”的为32篇；摘要中包含“缺失值”或“缺失数据”的为46篇。这些文献在各年的分布情况见表2-1。应当指出，这里的农业类论文范围远大于本研究所指的农业调查，也就是说虽然无法统计，但在农业经济调查类论文中涉及缺失值问题的屈指可数。

表2-1　1990—2016年涉及“缺失值”的农业研究论文篇数

年份	题目中涉及的篇数	关键词中涉及的篇数	摘要中涉及的篇数
1990	0	0	0
1991	0	0	0
1992	1	1	0
1993	0	0	0
1994	0	0	0
1995	1	1	1
1996	0	1	0
1997	1	1	1
1998	0	0	0
1999	0	0	0
2000	0	0	0
2001	0	1	0
2002	1	1	1
2003	0	0	2
2004	0	0	0
2005	0	2	1
2006	0	0	0
2007	1	3	3
2008	1	1	4
2009	0	5	5
2010	0	1	1
2011	0	0	1

续表

年份	题目中涉及的篇数	关键词中涉及的篇数	摘要中涉及的篇数
2012	0	1	4
2013	0	7	6
2014	1	1	7
2015	3	4	8
2016	1	1	1

资料来源：中国知网（http://www.cnki.net/）。

不过从表 2-1 也可以看出国内关于农业经济调查数据缺失值问题的研究近年来慢慢引起重视，我们发现涉及“缺失值”的农业经济管理研究文章主要分布在 2000 年以后，又尤其集中在最近几年，图 2-1 展示了这个变化趋势。

鉴于此，在本研究中无法系统地综述国内关于农业经济调查缺失处理问题的文献。下面就研究者获得的部分相关文献将国内关于农业经济调查中缺失值问题的研究做一个简单综述。

国内农业经济调查中涉及缺失值的研究不仅少，且起步较晚。而且这些研究较为离散，主要是研究者们结合各自农业经济调查缺失数据，提出了相应的处理方法，并没有系统的研究。

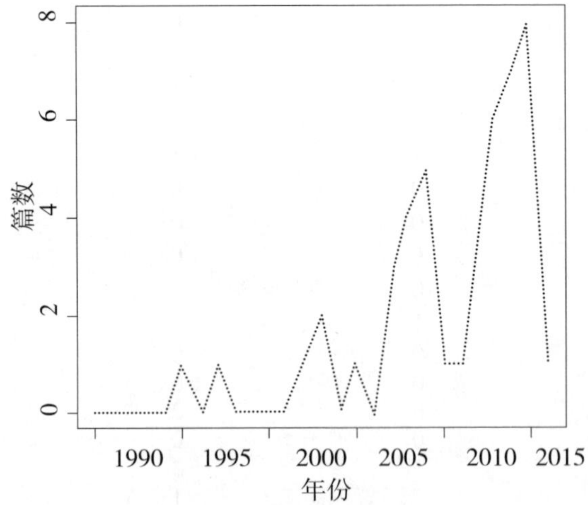

图 2-1　1990—2016 年摘要中涉及“缺失值”的农业研究论文篇数

资料来源：中国知网（http://www.cnki.net/）。

最早的研究来自陈森（1992），其关注的也是农业经济调查中的对比分析数据，以林业数据为例介绍了数据缺失的原因并提出了缺失值的估计和基于缺失值的方差分析。明道绪等（1997）的研究也是基于对比分析数据，其对含缺失数据的两因素随机区组农业调查试验数据进行最小平方分析估计，然后用于方差分析。

删除方法是最多被使用或默认的方法，因此在众多农业经济调查的研究中没有提及缺失值。苏新宏等（2010）针对烟农的问卷调查中，作为无效数据直接删除含缺失值的 24 个农户数据，类似的处理方法还有王克敏等（2015）。

当然也有将缺失值插补处理方法应用于农业经济调查数据的研究。梁永厚等（2007）对绒山羊育种过程中的缺失数据利用马尔科夫蒙特卡罗（MCMC）模拟技术进行了多重插补，获得了良好效果。尹吉平（2009）基于林业数据，利用模拟技术对缺失数据利用状态空间模型插补，获得了更准确的估计。曹昆和王成璋（2011）在基于农户入户调查数据处理中，在比较了缺失值处理的样本删除、单一插补和多重插补后，最终采取 Grubbs 异常值检验法和 EM 迭代算法为农户入户调查缺失数据插补。刘晓飞（2013）关于创意农业发展的调查中对样本缺失值进行了有效的检验。

2.3 结论和评价

本章从两个角度展开对本研究文献的综述，一个是缺失值处理的基本理论和方法方面文献的综述，另一个是结合农业经济调查的缺失数据进行针对性的研究文献的综述，又分别从国外和国内两方面展开综述。

客观地讲，整个缺失值问题在国内都是一个冷门的研究，更不谈结合农业经济调查数据的针对性研究。所以，对关于缺失值问题的文献很难做一个系统的综述。在国内关于缺失值问题的研究中，金勇进（1996；1998；2001a；2001b）的贡献是突出的，其几乎是最早将缺失值问题引入国内研究的人，而且为缺失值的理论方法体系建设做了很多显著的研究工作，并于 2009 年获得了较为系统性的研究成果（金勇进和邵军，2009）。

但在国外，缺失值问题研究虽难言热门，但一直吸引着研究者们，由于其研究复杂性，其还是一项前沿研究。在缺失值问题研究上，Rubin（1976）的贡献是最突出的，他首次真正意义上提出了缺失值问题，并首次对该问题进行系统研究（Rubin，1978），一直为完善该问题的研究不懈努力（Rubin，1986；Rubin，1992；Rubin，2002）。此外，还有一些突出的研究者，如 Little（1992）、Schafer（1997）、Van Buuren（2012）不仅为该问题提供了一些新的方法，而且结合自己的理解进行系统论述，并为实际的操作提供了计算机软件程序支持。

如前文所述，虽然农业经济调查是在农业经济管理研究中非常常见，但是在国内做相关的专门研究并不多见，缺失值问题更是很少引起农业研究者的注意，而在国外研究中就常见多了，因为农业经济调查是个很特殊的调查，所以国外研究者对其特点、设计展开了很多研究，相关的缺失值问题研究虽不多，也能见到。

3 农业经济调查数据缺失值处理的研究基础和假设

农业经济调查数据缺失值处理的研究是在对农业经济调查的充分研究的基础上，结合农业经济调查的特点和其数据缺失值产生的原因，为其探索一个合理的缺失值处理的理论和方法体系，并用于实践操作。为了完成这项研究，两个基础性的工作是必要的。其一是在参考大量的农业经济调查的案例和农业经济调查的研究文献的基础上，探讨农业经济调查的特点和数据缺失的原因；其二是为农业经济调查缺失值处理的理论方法体系的构建提供基础的条件和假设。关于第一点，在中国的农业经济管理研究中有大量的农业经济调查案例可供参考，但客观地讲单独针对农业调查的研究非常罕见，所幸可用国外的研究文献作为补充和参考。关于第二点，需要在结合第一点的基础上，参考关于缺失值问题的系统性研究文献，对缺失值的系统研究文献在国内并不多见，但国外有很多系统而完善的研究（Little 和 Rubin，2002；van Buuren，2012）。本章在参考大量中国农业经济调查的真实案例基础上，特别是这些案例中的调查设计，结合农业经济调查的专门研究文献，论述了农业经济调查的特点和数据缺失的原因。在此基础上结合相关的缺失值理论方法的系统研究，论述农业经济调查缺失值处理的基础概念、符号、条件。最后为本项研究提出基础的假设，具体假设结合具体问题分布在之后的各章节中。

3.1 农业经济调查的特点和数据缺失原因

3.1.1 农业经济调查的特点

狭义上的调查是根据特定的研究目的专门组织的，利用事先设计的问卷，对被访者开展的一次性资料搜集。农业经济调查的组织者和调查者一般都是农业经济管理研究人员或农业工作人员，被调查者一般是农户。农业经济调查有很强的特殊性，跟其他常见的调查，譬如市场调查和民意测验相比，农业经济调查有很鲜明的特点，基于本研究的目的，只选出跟缺失值处理相关的特点加以论述。

（1）以人员访问调查为主。人员访问是指通过调查人员和被调查人员面对面交流以获取数据的调查方式，包括入户调查和拦截式调查，是最古老的调查方式。随着人类沟通技术的发展，人员访问这种调查方式已经逐渐被淘汰，因为跟先进的电话调查和网络调查相比，人员访问需要耗用大量的人力物力，而且时效性很差。但农业经济调查还是只能以人员访问为主，而且主要是入户调查，这是因为农业经济调查是面对农户的针对性调查，而电话和网络是很难针对性地找到调查对象的。此外，很多农村地区，特别是落后地区电话和网络的普及率并没有达到100%，因此基于电话和网络的调查是有偏的。再者，电话调查和网络调查需要调查者和被调查者开展良好的沟通，这就需要被调查者具有一定的文化程度，而这在中国农村地区并不一定能实现。总之，在目前的状况下，与农户面对面地交流以获得数据是农业经济调查无奈也是最好的选择。

（2）被调查者分布离散。农业经济调查主要在农村地区展开，相对于城市，农村分布广泛而且离散，更兼之农村人口分布稀少。而农业经济调查又属于人员访问调查，必须走窜于广泛而零星的农村地区寻找分布稀少的被调查者，所以相对于其他农业经济调查的难度更大。

（3）随机性很难满足。跟其他调查相比，大部分农业经济调查只能基于非概率调查。原因有二：其一，概率调查首先需要一个抽样框，这就意味着需要知道研究范围内所有农户的基本资料，比如姓名、住址、联系方式，由于农村地区地广人稀，居住地分布离散复杂，再加上农村人口流动很大，很难获取抽样框；其二，农业经济调查的范围往往是很大的，很多研究都是基于全国性的调查，那么依概率抽样纵使获得抽样框，在抽样设计中也要多阶段地整群、分层、再整群、再分层，如此方能得到一个随机样本，但如果依该样本去调查，难度极大而且成本极高，几乎是不可能的。实践中的农业经济调查往往是基于判断抽样的非概率抽样方法，即依托社会关系，有意识地去几个乡镇，再有意识地找几个农户调查，在调查之前往往事先联系。但是任何事物都是两面的，虽然农业经济调查很难像电话调查那样随机获取样本，但却因此具有了以下两个对缺失值处理很有帮助的特点。

（4）缺失比例较小，而且不会大面积缺失。由于农业经济调查是人员调查，而且往往调查之前事先联系过农户，因此调查中的配合度比较高，也不会像其他调查那样突然中断，这样就使农业经济调查数据缺失比例较少，而且不会大面积缺失。

（5）可以事先获取部分信息。在开展农业经济调查之前，可以联系被调查农户所在乡镇的管理人员，事先对被调查农户进行基本资料的摸底。比如农户姓名、住址、联系的基本信息，土地承包数量、果树种植面积等辅助信息。这些信息对农业经济调查缺失值的处理是非常有帮助的。

（6）调查问题中存在大量开放性问题。为了降低无回答率，在电话调查和网络调查中，研究人员的问卷设计中尽量采用封闭性问题，即事先为被调查者设定问题回答的选项以方便被调查者选择性回答。如此，由回收问卷构成的变量几乎都是分类变量，而分类变量的数据分析方法与数量变量差异很大，而且分析效果大打折扣。而且有些变量，比如收入、支出等是很难通过封闭性问题获得准确信息的。但农业经济调查是基于访问调查的，研究人员在设计数量型的变量时就可以尽可能地设计成开放性问卷，从而获得准确数量信息。而这点在缺失值插补上也非常重要，因为基于数量型变量的插补较之基于分类变量的插补，从模型和方法上都成熟便利多了。

3.1.2 农业经济调查数据缺失的原因

总的来说，一个调查的数据缺失主要是由两个原因造成的，一是调查者的疏忽，二是被调查者的无回答。具体到农业经济调查，由于其相对于其他调查的特殊性，其数据缺失值的产生又会有很多独特和具体的原因。

（1）农业经济调查人员的疏忽。如上文所述，客观地讲，农业经济调查的难度大大高于其他调查，这对农业经济调查的工作人员是个巨大的挑战。这让他们可能会遗漏一些事先设定的农户的调查，或遗漏部分问卷问题的提问，或由于疏忽做了错误记录，如把价格记录成销量。错误记录又有两种情况，合理值范围内的错误记录是难以发现的，只能作为非抽样误差处理，而超出合理值范围的奇异值是可以发现的，只能将其删除作为缺失值处理。

（2）单元无回答。在针对农户的入户调查中，被调查户刚好不在或者拒绝调查，那么对该户的数据记录可能只是一些基本信息和辅助资料，比如姓名、年龄、柑橘种植面积等。这些无回答单元的数据如果辅助信息很少或者没意义直接删除即可，如果有较多有意义的辅助信息，该单元的数据可以保留。当然，未调查的数据需作为缺失值处理。

（3）农户不愿回答。调查中常常有一些问题涉及敏感性、隐私性而让被调查者不愿回答其中有些问题。农业经济调查也不例外，比如农户可能不愿意回答自己的收入信息，那么就产生了缺失值。还有一种情况，农户虽然作出了回答，但是明显给出了虚假答案，比如回答销售收入时答案是 81.2 元，这显然是虚假的（结合柑橘产量数据）。当然，大部分时候鉴定农户是否虚假回答是困难的，没有一个量的标准，完全靠农业研究人员的经验，因为虚假回答作为调查中的非抽样误差存在，是无可避免和无可控制的。

（4）农户不会回答。在农业经济调查中可能有些问题让农户难以回答，比如农户不能很快算出自己一年的总收入，这样就产生了缺失值。或者如之前所述，调查问卷的问题中设置“不确定”选项，那么勾选该选项也意味着数据缺失。还有一种情况，对于自填式问卷，农户由于文化程度较低，无法理解其中的一些问题，也就无法作答，这样也产生了缺失值。

3.2　基本概念及符号表示

3.2.1　基本概念及符号

缺失值处理的理论和方法都是基于定量分析的，为了构建农业经济调查数据缺失值处理模型和方法，需引进一些英文字母和希腊字母符号来表示相关的变量和参数。

设 $\boldsymbol{Y}=\{y_{ij}；i=1，2，\cdots，n；j=1，2，\cdots，p\}$ 为存在缺失值的农业经济调查数据（观测），为一个 $n\times p$ 阶矩阵，其中 n 为样本容量，p 为变量个数。$y_i=（y_{i1}，\cdots，y_{ip}）$表示 $\boldsymbol{Y}$ 的第 i 个单位 p 个变量的取值，简称为 $\boldsymbol{Y}$ 的第 i 个个案；$y_j=（y_{1j}，\cdots，y_{nj}）$表示 Y 的第 j 个变量的 n 次观测，简称为 $\boldsymbol{Y}$ 的第 j 个变量，进一步 Y 还可以表示为：$\boldsymbol{Y}=（y_1，y_2，\cdots，y_p）$。特别地，当 $p=1$ 时，$\boldsymbol{Y}$ 为单一变量的观测。

为了方便描述 $\boldsymbol{Y}$ 的缺失情况，设定一个反映 $\boldsymbol{Y}$ 的缺失情况的 0–1 响应指示矩阵 $\boldsymbol{R}=\{r_{ij}；i=1，2，\cdots，n；j=1，2，\cdots，p\}$，$\boldsymbol{R}$ 跟 $\boldsymbol{Y}$ 一样同为 $n\times p$ 阶矩阵，当 $\boldsymbol{Y}$ 缺失时取值为 0，当有观测时取值为 1。即：

$$r_{ij}=\begin{cases}1，y_{ij}\text{ 有观测}\\0，y_{ij}\text{ 缺失}\end{cases}\tag{3–1}$$

$\boldsymbol{Y}$ 观测部分的集合用表示 $\boldsymbol{Y}_{obs}$，包含了所有 $r_{ij}=1$ 时的 y_{ij} 的集合；$\boldsymbol{Y}$ 缺失部分的集合用 $\boldsymbol{Y}_{mis}$ 表示，包含了所有 $r_{ij}=0$ 时的 y_{ij} 的集合。因此

$$\boldsymbol{Y}=（\boldsymbol{Y}_{obs}，\boldsymbol{Y}_{mis}）\tag{3–2}$$

我们将农业经济调查数据中的未缺失数据集用 $\boldsymbol{X}=\{x_{ik}；i=1，2，\cdots，n；k=1，2，\cdots，q\}$ 表示，$\boldsymbol{X}$ 为 $n\times p$ 阶矩阵，其中 q 为 $\boldsymbol{X}$ 的变量个数，一般将其作为插补 $\boldsymbol{Y}$ 中缺失数据的辅助数据。当 $q=1$ 时，$\boldsymbol{X}$ 为单一向量。虽然是完整数据，但是为了分析方便，也将它分为观测部分和缺失部分。即：

$$X = (\mathbf{X}_{obs}, \mathbf{Y}_{mis}) \tag{3-3}$$

其中，$\mathbf{X}_{obs}$ 为与 $\mathbf{Y}_{obs}$ 对应的部分，$\mathbf{X}_{mis}$ 为与 $\mathbf{Y}_{mis}$ 对应的部分，需要注意的是这里的 $\mathbf{X}_{mis}$ 是完整观测的。

研究目标总体的参数用 θ 表示。θ 可以是标量或向量，取决于农业研究人员感兴趣的参数，比如对目标总体的位置和尺度估计，则 θ（μ，Σ），其中 $\boldsymbol{\mu}$ 是均值向量，Σ 是协方差矩阵。

更多的符号和表示在不同的章节中根据不同的理论和方法给出，汇总情况可参见附录。

3.2.2 缺失数据及缺失信息的转换

作为研究基础，还要将农业经济调查的数据及相关缺失信息转化为可供理论分析及实践操作的数学表达形式，比如向量、矩阵等。下面以表 3–1 为例说明这种转换。

表 3–1 表示某次农业经济调查数据，该数据有 6 个变量。其中有 3 个变量的观测有缺失，分别为家庭年收入、柑橘销售额、柑橘产量；有 2 个变量的观测是完整的，分别为柑橘种植面积和化肥支出。为了简便，假设样本容量为 6，在本研究中，缺失值用 NA（Not Available）表示，这是因为本研究的软件操作主要基于 R，而 R 中用“NA”表示缺失值。换而言之，如果操作软件改变，缺失值的表示要另做调整。

表 3–1 存在缺失值的农业经济调查数据

序号	家庭年收入（万元）	柑橘销售额（万元）	柑橘产量（吨）	柑橘种植面积（亩）	化肥支出（万元）
1	3.5	2.5	NA	8.0	0.7
2	10.6	4.7	8.0	9.0	0.5
3	NA	NA	4.3	5.0	0.3
4	5.8	NA	4.2	5.0	0.5
5	4.6	3.8	7.5	10.0	0.8
6	3.7	2.0	NA	6.0	0.4

下面，根据上文的符号对表 3–1 进行转换。含缺失值的部分 $\boldsymbol{Y}$ 为 6×3 阶矩阵，表示如下：

$$Y=\begin{pmatrix} 3.5 & 2.5 & NA \\ 10.6 & 4.7 & 8.0 \\ NA & NA & 4.3 \\ 5.8 & NA & 4.2 \\ 4.6 & 3.8 & 7.5 \\ 3.7 & 2.0 & NA \end{pmatrix} \quad (3\text{–}4)$$

$\boldsymbol{Y}$ 包含三个变量 Y_i（j=1，2，3），可以用向量表示，比如：$\boldsymbol{Y}_2$=（2.5，4.7，NA，NA，3.8，2.0）。

根据表 3–1 的数据，指示矩阵为：

$$\boldsymbol{R}=\begin{pmatrix} 1 & 1 & 0 \\ 1 & 1 & 1 \\ 0 & 0 & 1 \\ 1 & 0 & 1 \\ 1 & 1 & 1 \\ 1 & 1 & 0 \end{pmatrix} \quad (3\text{–}5)$$

$\boldsymbol{R}$ 也可以分为三个缺失变量，对应的缺失指示向量 $\boldsymbol{R}_j$（j=1，2，3），比如：$\boldsymbol{R}_2$=（1，1，0，0，1，1）。

结合缺失指示矩阵（向量），可以分为观测部分和缺失部分，比如：$\boldsymbol{Y}^{obs}{}_2$=（2.5，4.7，3.8，2.0），$\boldsymbol{Y}^{mis}{}_2$=（NA，NA）。

根据表 3–1 的数据，作为辅助变量完整观测部分 $\boldsymbol{X}$ 为 6×2 阶矩阵，表示如下：

$$\boldsymbol{X}=\begin{pmatrix} 8.0 & 0.7 \\ 9.0 & 0.5 \\ 5.0 & 0.3 \\ 5.0 & 0.5 \\ 10.0 & 0.8 \\ 6.0 & 0.4 \end{pmatrix} \quad (3\text{–}6)$$

根据 R_2=（1，1，0，0，1，1），相对于 $\boldsymbol{Y}_2$，$\boldsymbol{X}$ 也可以分为观测部分

和缺失部分：

$$X_{obs}=\begin{pmatrix}8.0 & 0.7\\ 9.0 & 0.5\\ 10.0 & 0.8\\ 6.0 & 0.4\end{pmatrix},\ X_{mis}=\begin{pmatrix}5.0 & 0.3\\ 5.0 & 0.5\end{pmatrix} \tag{3-7}$$

3.3 模拟方法介绍

3.3.1 模拟方法的含义

鉴于计算机的强大计算能力，利用计算机进行模拟分析是现代研究的一种重要方法。模拟分析的一个基本含义是，基于假设，模拟完全符合模型需要的数据，然后利用模型进行数据分析，最后看能不能得到预期的结果。或者当我们对同一问题有不同解决方法时，我们可以利用模拟的数据，同时采用不同方法分析，最终比较哪种方法更好。

具体到本研究，可以根据各个缺失值处理模型的假设条件，从符合条件的农经济业调查总体随机产生样本，然后根据设定的规则让模拟农业经济调查数据缺失，再用该模型的方法对缺失数据进行处理，看能不能达到模型的要求。或者，在同一缺失数据中，我们分别采用不同的缺失值处理模型进行分析，最终比较不同模型的效果。

当然，还有更多的模拟方法和操作，具体到后面各章节中进一步论述。

3.3.2 采取模拟方法的原因

为什么在农业经济调查数据的缺失值处理研究中要从模拟分析中探索结论而不是从实际案例分析中获取结论呢？我们经常讲“理论联系实际”，但往往理论和实际之间是有一道巨大的鸿沟的，因为理论是建立在大量假设的基础上的，这些假设现实中往往难以实现，而模拟能很好地解决这个问题。

任何缺失值处理模型建立的一个基本的逻辑是，建立一个模型，测算它的误差，然后希望模型越来越精确，或者说误差越来越小。误差为真实值跟估计值（插补值）之差，实际数据真实值（即缺失值）是不可能知道的，因此也就无法测算误差。如果利用模拟数据，先模拟产生完整数据，然后再按照一定的机制产生缺失值（即将完整数据部分“挖空”），然后再按照一定的方法插补，这样就可以比较真实值和插补值。

此外，不用真实缺失数据去探索理论的一个重要原因是我们很难评估实际数据是否符合假设条件。譬如从理论上基本的假设是数据是随机获得的，但在实际中却很难做到。而模拟数据是基于模型假设模拟的，其完全符合模型的假设，就能验证理论的正确性和效果。

3.3.3 模拟方法的优势

采取模拟分析有很多优点：因为是模拟，所以可以使整个插补模型的假设条件完全得到满足；模拟分析可以事先知道总体参数、缺失值的真值，这样方便计算插补值的误差；鉴于计算机的强大计算能力，模拟分析可以获取大量样本或者进行大量模拟试验，这样可以避免单个样本或者单次模拟试验结果的偶然性，最终得到稳定的结论。

3.4 农业经济调查数据的缺失模式

3.4.1 一般缺失模式

缺失模式探讨的是数据中哪些变量或者变量中的哪些单元有缺失，这些缺失有没有规律可循，有没有固定的方式。不同缺失模式有不同的缺失规律和特点，适用不同的缺失值处理方法。根据农业调查的特点和特殊性，农业调查的缺失模式主要有三个。假设数据缺失来自一个 5×5 阶农业经济调查数据矩阵，三种缺失模式可利用响应指示矩阵表示在图 3–1 中。

$$\begin{pmatrix}1&0&1&1&0\\1&1&0&1&1\\1&1&0&1&1\\0&1&1&1&0\\1&0&1&0&1\end{pmatrix}\quad\begin{pmatrix}1&1&1&1&1\\0&1&1&1&1\\1&1&1&1&1\\0&1&1&1&1\\1&1&1&1&1\end{pmatrix}\quad\begin{pmatrix}1&1&1&1&0\\1&1&1&1&0\\1&1&1&0&0\\1&1&0&0&0\\1&0&0&0&0\end{pmatrix}$$

（a）一般缺失模式　（b）单一缺失模式　（c）单调缺失模式

图 3–1　农业经济调查的缺失模式

一般缺失模式是指农业经济调查数据矩阵中各个变量都有可能存在缺失，而且各个变量的缺失位置无规律，图 3–1（a）展示了这种模式的指示矩阵。为了便于研究，假设各个变量依一定的概率随机缺失，然后变量之间的缺失完全独立。令 $\phi=(\phi_0, \phi_1, \cdots, \phi_p)$ 表示农业调查数据矩阵 $\boldsymbol{Y}=\{y_{ij}\}$ 中各变量 y_{ij} 的缺失概率，则：

$$\Pr(R_{ij}=0;\ j=1, 2, \cdots, p) \tag{3-8}$$

而且，

$$\Pr(R=0)=\prod_{j=1}^{p}\phi_j \tag{3-9}$$

3.4.2　单一缺失模式

单一缺失模式是指农业经济调查数据矩阵中只有一个变量含缺失值，其他变量都是完整观测的，图 3–1（b）展示了这种模式的指示矩阵。单一缺失模式是最好处理的缺失值模式，因为单一缺失意味着需要处理缺失的变量为单一向量，其他变量可以作为辅助变量。

用 y_i（$i=1, 2, \cdots, n$）表示农业调查数据中唯一含缺失的变量，由于单一缺失很容易将其按是否缺失分为观测部分和缺失部分：y_{obs}（$i=1, 2, \cdots, n_1$）和 y_{mis}（$i=n_1+1, n_1+2, \cdots, n_1$）。

相应的辅助变量 $X=\{x_{ij};\ i=1, 2, \cdots, n;\ j=1, 2, \cdots, p\}$ 随之排序，也分成观测部分和缺失部分：X_{obs}（$i=1, 2, \cdots, n_1;\ j=2, 3, \cdots, p$）和 X_{mis}

（$i=n_1+1$，n_1+2，…，n；$j=2$，3，…，p）。

单一缺失有时也可以表示一种假设，并不真的是只有一个变量缺失，比如在 p 个变量中有 k 个变量存在缺失值，有 $p-k$ 个变量观测完整，那么对每一个存在缺失值的变量针对其他 $p-k$ 个完整观测的变量都可以看作单一缺失模式。

3.4.3 单调缺失模式

将农业经济调查数据排序，先将完整观测的变量排在前面，有缺失的变量排在后面；然后再将变量按缺失多少排序，缺失少的排在前面，缺失多的排在后面；然后再将数据个案按照有无缺失调整。单调缺失模式是指这么一种缺失模式，数据矩阵 $\boldsymbol{Y}=\{y_{ij}\}$ 经上述排序后，其中任何一个变量 y_{ij} 当 $i>n_1$ 时缺失，那么其后的变量 Y_{ij}（$k>n_1$）当 $i>n_1$ 时亦缺失，其缺失指示矩阵展示在图 3-1（c）中。从这个定义来看，单一缺失可以看作单调缺失的一种特殊情况，数据矩阵中只有排在最后的变量 Y_{ip} 当 $i>n_1$ 时缺失。

3.5 农业经济调查数据的缺失机制

3.5.1 农业经济调查数据缺失机制及模型

为了表达数据是如何缺失的，Rubin（1976）引入“缺失机制”一词来说明变量的缺失跟变量本身以及其他变量的关系。缺失机制是复杂的，结合农业调查的特殊性以及本研究的假设，我们认为农业经济调查的数据缺失来自三种情况：完全随机缺失、随机缺失和非随机缺失。

为了方便，我们用假定的模型来描述农业调查数据的缺失机制，这个模型一般用数据缺失概率（或分布）与数据的缺失部分、观测部分以及辅助变量之间的关系来表达。记为：

$$\Pr(R|Y_{obs}, Y_{mis}, X, \phi) \quad (3\text{-}10)$$

其中，ϕ 为该概率（分布）模型的参数（向量）。根据不同的假定，这个模型可能各异，但上述农业经济调查缺失机制的三种情况可以根据数据的缺失概率与数据缺失部分、观测部分以及辅助变量之间是否有关系来界定。

（1）完全随机缺失（Missing Completely at Random，MCAR）。完全随机缺失是指数据缺失跟数据本身无关，也即样本所有单位的缺失概率是一样的。比如在对农户的调查中，农户刚好不在家，而其不在家的概率是随机的，由此产生的缺失值也是完全随机的。

完全随机缺失的一个简单的模型是二项分布。如果样本中的每个单位以一固定的概率 ϕ 缺失，则 R 的分布为：

$$f(R|Y_{obs},\ Y_{mis},\ X,\ \phi)=\prod_{i=1}^{n}\phi^{rij}(1-\phi)^{1-rij} \quad (3\text{-}11)$$

完全随机缺失还表达了另外一层意思，即 Y 的缺失概率与 Y 本身（无论观测部分还是缺失部分）无关，也与辅助变量无关：

$$\Pr(R=0|Y)=\Pr(R=0|Y_{obs})=\Pr(R=0|Y_{mis})=\Pr(R=0|X)=P(R=0|\phi) \quad (3\text{-}12)$$

这就意味着引入辅助变量没有意义。

（2）随机缺失（Missing at Random，MAR）。随机缺失是指数据缺失只跟数据的观测部分有关，而跟数据的缺失部分无关，即：

$$\Pr(R=0|Y_{obs},\ Y_{mis},\ X,\ \phi)=\Pr(R=0|Y_{obs},\ X,\ \phi) \quad (3\text{-}13)$$

为简化问题，设 $\boldsymbol{Y}=(Y_{obs},\ Y_{mis})$ 的维数是 $n\times 1$，即 $\boldsymbol{Y}$ 是个一维向量。随机缺失的一个简单典型模型是数据的缺失概率 $P(R=0)$ 与 Y_{obs} 之间是线性关系，即：

$$\Pr(R=0|Y_{obs},\ Y_{mis},\ X,\ \phi)=\Pr(R=0|Y_{obs},\ \phi)=\phi_0+\mathrm{log}it^{-1}(Y_{obs})\cdot\phi_1 \quad (3\text{-}14)$$

其中，

$$\mathrm{log}it^{-1}(Y_{obs})=\frac{\exp(Y_{obs})}{1+\exp(Y_{obs})} \quad (3\text{-}15)$$

该函数 t 为 log*it* 函数的反函数，亦称 log*istic* 函数，其目的是将 Y_{obs} 的取值范围变成 0 到 1。

（3）非随机缺失（Missing Not at Random，MNAR；或 Not Missing at Random, NMAR）。如果数据既不是完全随机缺失也不是随机缺失，则称

作非随机缺失。非随机缺失意味着数据缺失不仅跟数据的观测部分有关，还跟数据的缺失部分有关，即：

$$\Pr(R=0)=\Pr(R=0|Y_{obs},\ Y_{mis},\ X,\ \phi) \tag{3-16}$$

仍设 $Y=(Y_{obs},\ Y_{mis})$ 的维数是 $n\times 1$，即是个一维向量。非随机缺失的一个简单模型是数据的缺失概率 $P(R=0)$ 与 Y_{obs} 以及 Y_{mis} 之间是线性关系，即：

$$\begin{aligned}\Pr(R=0) &= \Pr(R=0|Y_{obs},\ Y_{mis},\ \phi)\\ &= \phi_0+\text{logit}^{-1}(Y_{obs})\cdot\phi_1+\text{logit}^{-1}(Y_{mis})\cdot\phi_2\end{aligned} \tag{3-17}$$

3.5.2　农业经济调查数据缺失机制的模拟

下面我们利用前文所述的模拟方法，来分析农业经济调查数据不同缺失机制之间的差异。

（1）样本模拟。模拟来自农业经济调查的两个变量：家庭收入（万元）和柑橘种植面积（亩），它们来自一个均值向量为（5，8），协方差阵为 $\begin{pmatrix}4 & 4.8\\ 4.8 & 9\end{pmatrix}$ 的二元正态分布，模拟结果显示在图 3-2 中。

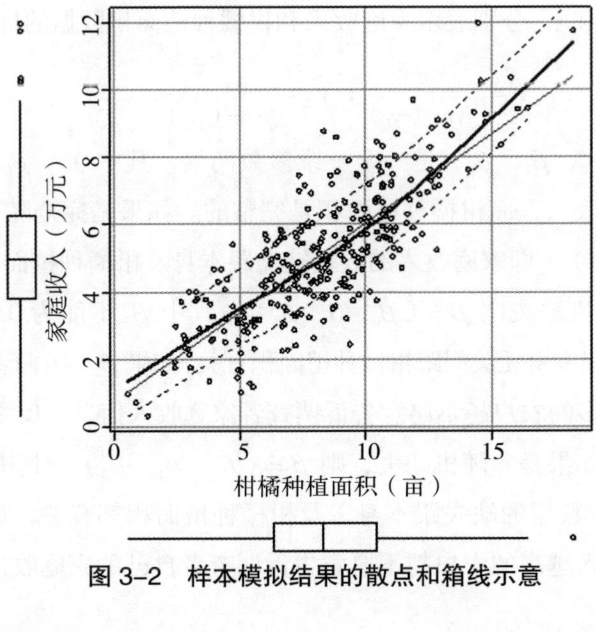

图 3-2　样本模拟结果的散点和箱线示意

图 3–2 显示了模拟样本两个变量各自箱线图和相互之间散点图，从箱线图可见两个变量基本呈正态分布，略有右偏可忽略；从散点图可见两个变量之间相关程度较高，线性拟合曲线和平滑拟合曲线基本重合。

进一步模拟结果的描述统计如表 3–2 所示。原计划样本容量为 300，剔除负值返回 297 个个案，也使得两个变量的均值略大于事先拟定的均值，但几乎可忽略；两个变量的方差以及两者的皮尔逊相关系数都跟事先拟定的值相当接近（事先拟定的相关系数为 $4.8/\sqrt{4\times 9}=0.8$）。

表 3–2 模拟样本的描述统计

变量	样本容量	均值	方差	相关系数（皮尔逊）
家庭收入（万元）	297	5.135	3.94	0.806
柑橘种植面积（亩）	297	8.29	9.02	0.806

综上分析，样本拟合效果基本达到要求。

（2）缺失机制模拟。下面利用前面数据模拟三种缺失机制下数据的缺失情况。为了简化问题，上述三个缺失机制模型可以统一用一个模型表达：

$$\Pr(R=0|\beta)=\beta_0+\mathrm{logit}^{-1}(y_i^*)\cdot\beta_1+\mathrm{logit}^{-1}(y_c^*)\cdot\beta_2 \qquad (3-18)$$

其中，y_i^* 和 y_c^* 分别表示家庭收入和柑橘种植面积数据的标准化，即：

$$y_i^*=\frac{y_i-\bar{y}_i}{\sqrt{\mathrm{var}(y_i)}};\ y_c^*=\frac{y_c-\bar{y}_c}{\sqrt{\mathrm{var}(y_c)}} \qquad (3-19)$$

而 $\beta=(\beta_0,\beta_1,\beta_2)$ 是一个三维参数向量，其中 $0\leqslant\beta_0\leqslant 1$，数据缺失来自家庭收入，而柑橘种植面积是完整的。如果是完全随机缺失，则 $\beta=(\beta_0, 0, 0)$，即家庭收入的数据缺失跟本身及柑橘种植面积都无关，完全随机。随机缺失则 $\beta=(\beta_0, 0, \beta_2)$，其中 β_2 不能为 0，即家庭收入的数据缺失跟本身无关但跟柑橘种植面积有关，如果 $\beta_2>0$ 两者正向相关，即柑橘面积越多的农户越不愿意告诉调查者家庭收入信息，反之 $\beta_2<0$ 两者负向相关。如果是非随机缺失，则 $\beta=(\beta_0,\beta_1,\beta_2)$，其中 β_1 不能为 0，即家庭收入数据的缺失跟本身以及柑橘种植面积都有关，如果 $\beta_1>0$ 则表示家庭收入越高的农户越不愿意告诉调查者自己的家庭收入，反之 β_1

<0 则表示家庭收入越低的农户越不愿意告诉调查者自己的家庭收入。

更进一步简化，在完全随机缺失下令 $\beta=(0.5, 0, 0)$，在随机缺失下令 $\beta=(0, 0, 1)$，在非随机缺失下令 $\beta=(0, 1, 0)$，这样基本上保证在三种缺失机制下缺失比例大约为 50%，模拟结果绘制在图 3-3 中。

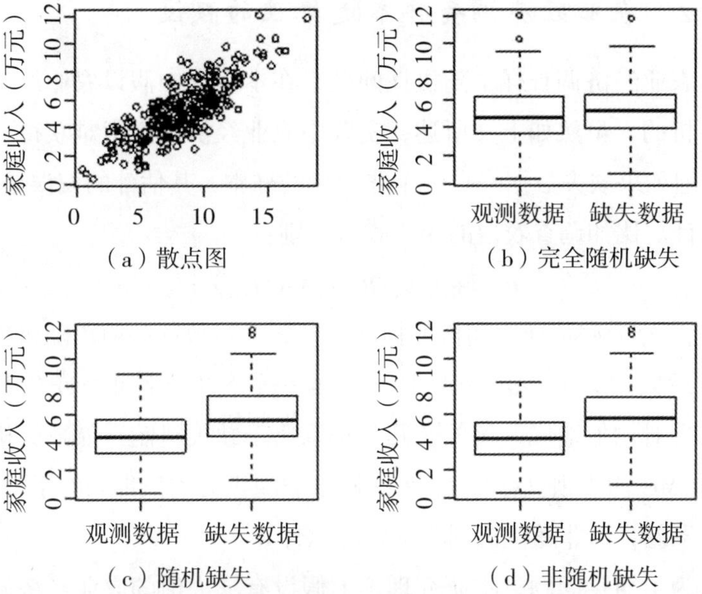

图 3-3　不同缺失机制下观测值和缺失值对比

3.6 基本假设

3.6.1 农业经济调查总体分布的假设

众所周知，理论研究只有基于假设。在本研究中为了便于农业经济调查中缺失值处理的理论和方法研究，提出了一些基本假设，当然这些假设可能是与实际有出入的。

关于农业经济调查总体的（先验）分布，在本研究中假设总体的分布是一个正态分布，或说农业经济调查的样本来自一个正态总体，即：

$$Y \sim N(\mu, \Sigma) \tag{3-20}$$

在有些模型里这个假设条件可以放松一点，也就是不要求联合分布是正态的，但边际分布也必须是正态的。

虽然农业经济调查数据的分布各异，但可以预知的是正态分布是最接近的，因此这个假设一般是容易实现的，这点跟前面的随机性假设不同。

3.6.2 农业经济调查样本随机性的假设

关于农业经济调查样本随机性问题，在本研究中假设农业经济调查的样本是随机的。虽然如上文所述，实践中农业经济调查很难获得一个随机的样本，但如果缺失数据来自一个非随机的样本，其估计的偏误是极大的，且难以估计。比如调查农户的年均收入，则：

$$\mu=\bar{x}+(\varepsilon_{\bar{x}}+B_{nr})(1+l_{mis}) \tag{3-21}$$

其中，$\varepsilon_{\bar{x}}$ 为假定样本随机的标准误差，在可放回的简单随机抽样下，其值平方后大约为 $1/nVar(x_{com})$，l_{mis} 为一个大于 0 且小于 1 的数，表示因数据缺失对均值造成的偏差，其大小取决于缺失机制，如缺失机制是完全随机的（MCAR），则 $l_{mis}=0$；B_{nr} 为因样本非随机为均值带来的系统性偏差，不是随机误差，因非随机机制不确定难以计算。

所以为了简化问题，本研究理论上假设有缺失值的农业经济调查数据来自随机样本，更进一步，假设来自一个可放回的简单随机样本，这样可以把注意力集中在数据的缺失问题上。

3.6.3 农业经济调查的变量假设

关于农业经济调查的变量，在本研究中假设其为数量型变量。变量总的来说可以分为分类型的变量和数量型变量，前者的取值是非数字的，如农户所属的乡镇；后者的取值是数字的，如农户的年龄。

农业经济调查变量的数量型假设是为了研究的方便，因为数量型变量拥有更好的数学性质，更方便理论分析和实践操作。大部分的缺失值处理模型都是基于数量型变量的。对于分类型变量，处理总是复杂的，一个可供参考的思路是将其改为数量型变量。

分类型变量改为数量型变量一般用 log*it* 函数，其基本思想是将分类变量的取值变成取值概率。两分类的变量比如性别，先用数字表示为 $Y=i$（$i=1$，2），则可以用 log*it* 函数将两分类变量改为：

$$\Pr(Y=i)=\frac{\exp(i)}{1+\exp(i)} \tag{3-22}$$

如果是多分类变量，先将分类变量表示为 $Y=i$（$i=1,2,\cdots,k$），其中 k 为分类数，则可用多元正态函数 log*it* 将多分类变量改为：

$$\Pr(Y=i)=\frac{\exp(i)}{\sum_k \exp(i)} \tag{3-23}$$

特别地，如果该分类变量 $Y^{order}=i$（$i=1,2,\cdots,k$）是有序的，则先计算累计概率：

$$\Pr(Y^{order}\leqslant i)=\frac{\exp(i)}{1+\exp(i)} \tag{3-24}$$

然后，根据累计概率计算单一取值概率：

$$\Pr(Y^{order}=i)=\Pr(Y^{order}\leqslant i)-\Pr(Y^{order}\leqslant i) \tag{3-25}$$

不过，即使将分类变量如此改造，也不意味着它等同于数量型变量，对其分析仍然是异于数量型变量的，所以本研究中尽量假设农业经济调查的变量是数量型的。如前文所述，由于农业经济调查问卷中有可能存在大量开放性问题，这样就能获得数量型变量，因此该假设也是能部分实现的，这点区别于其他很多调查。

3.6.4 农业经济调查数据缺失模式的假设

关于农业经济调查数据的缺失模式，在本研究中，假设农业经济调查的缺失模式为单一缺失和一般缺失。这样从模型（特别是插补模型）的构建上我们就可以基本分为一元缺失模型和多元缺失模型。一元缺失模型是指目标缺失变量只有一个，对应单一缺失模式；多元缺失模型是指目标缺失变量不只一个，对应一般缺失模式。不过多元缺失模式也可以改成单一缺失模式，即将多元缺失模式中的每一个变量单独插补。

该假设的根据是基于农业经济调查以人员访问为主，调查之前一般事先联系农户，使调查过程中农户配合度较高，这样数据缺失比例小而且不会成块缺失，因此比较符合单一缺失模式和一般缺失模式。

3.6.5 农业经济调查数据缺失机制的假设

关于农业经济调查数据的缺失机制，在本研究中，假设农业经济调查数据的缺失机制是完全随机缺失（MCAR）和随机缺失（MAR）。如前文所述，完全随机缺失意味着目标缺失变量中的缺失部分是目标变量的一个简单随机样本。这个假设有点苛刻，所以在很多模型中放松这个假设，即我们只要求目标变量的缺失跟观测部分有关而跟缺失部分无关，也就是随机缺失。这个假设在农业调查数据缺失中是基本能达到要求的。

以上这些仅是基本假设，具体的假设需要结合不同的模型，在以下各章节中具体给出。

3.7 缺失值处理的统计软件

3.7.1 分析软件

本研究涉及大量的实验、运算及实际案例处理，需要借助缺失数据处理软件。缺失值问题虽在国内研究中获得很少关注，但在国外研究中却是一个较为热门的问题，因此也得到了较多统计软件的支持。目前，主流的统计软件都有支持缺失数据插补的安装包或模块。

（1）R。缺失值处理在 R 中获得了广泛的支持，虽然在基础包中不包含缺失值处理功能，但开发者们从不同的方面开发了很多缺失值处理的安装包。R 中支持缺失值插补的主要安装包有 VIM（ Matthias Templ, Andreas Alfons 等）、Amelia（ Honaker, King 等）、mi（Gelman, Hill 等）、mice（van Buuren 和 Oudshoorn）等常用安装包，其中括号内为开发者。此外，诸如 kmi （Arthur Allignol）、imputeMissings（Matthijs Meire, Michel Ballings 等）、Hmisc（Frank Harrell）、cat（Joseph Schafer 等）、MImix（Russell Steele, Naisyin Wang 等）等安装包也部分支持缺失值插补或者支持某些类别的

插补。由于 R 是个开源的软件，支持缺失值插补的安装包还在不断地更新。

（2）SPSS。SPSS 是一个基于 Windows 操作的软件，它提供了一个专门处理缺失值的模块 Missing Values。该模块能自动分析缺失值对估计量的影响，提供诊断报告，提供合理的缺失值处理方法和估计量。

（3）SAS。SAS 的 MI、MIANALYZE 等程序提供了基于多元正态模型的缺失值多重插补，使含有缺失值的数据变为完整数据，再进一步分析。

（4）Stata。Stata 软件中提供一个叫 mi 的指令，该指令可以在用户配合下利用链式方程完成对缺失数据的多重插补。

此外，还有其他一些软件如 S-PLUS、SOLAS、NORM，虽然不像上述软件一样对缺失值的插补有如此多的支持，但是或多或少提供部分缺失值插补的功能或模块，而且支持力度有不断加大之势。

3.7.2　本研究使用的软件

本研究将 R 作为主要分析软件，理由有二：其一，由于 R 是个免费开源的软件，开发者们能源源不断地为其开发提供支持，因此较之其他软件 R 在缺失值处理问题上能得到更多的支持；其二，R 是基于程序语言的软件，可以结合问题为具体分析提供更多更灵活的操作。用到的主要 R 安装包有 mi、VIM、mice。

此外，本研究也会用到其他一些分析软件，比如 Excel、SPSS 等，作为补充。本研究所用到的 R 代码附在附录中，以便实验结果重复和检验。

3.7.3　本研究自编的 R 程序代码

为了完成本研究的所有模拟分析、应用分析和图表制作，本研究自编了一套基于 R 的程序语言代码。为了复验结果，也为了方便农业经济调查研究人员查阅，将所有的 R 代码附于本书正文后。限于作者水平，这些代码可能有点繁琐，但能达到较好的分析效果，也便于图表制作。

4　农业经济调查数据缺失值处理的删除及模拟分析

当发现农业经济调查的数据中存在缺失值的时候，删除是首先能想到的处理方法，因为只要将缺失值删掉，数据就是完整的，就可以采取传统的数据分析方法。这个思路甚至也适用于计算机，在大部分统计分析软件诸如 SPSS、SAS、 Stata、R 的数据处理过程中，都会自动忽略或者删除缺失值，从而使整个数据处理过程能流畅进行。那么，删除是不是一个好的处理方法呢？基本上大部分研究者是不推荐删除的方法的，因为显而易见的一个问题是删除导致了一些有用信息的丢失，但是也有些研究者认为删除方法并没有人们想象中的可怕。本章着重从理论的角度，分析讨论这个问题，分析基于删除的缺失值处理方法有什么优点、缺点，然后对删除造成的有偏估计进行加权调整修正。

4.1　成列删除及其缺陷分析

4.1.1　成列删除及其争议

成列删除（listwise deletion）也叫完全个案分析（complete case analysis），是指删除数据中存在缺失值的所有个案，只留下完整个案的数据进行统计分析。它是最简单的删除方法，也是绝大部分统计软件处理缺失值的默认方法。对于只包含一个变量的数据，成列删除不会损失信息。但是对于多个变量，除非缺失值是平行的，只要一个变量存在缺失值，其个案对应的其他变量的观测无论是否缺失都一并被删除，就会损失很多信息。

成列删除最主要的优点是方便简单，因为它相当于忽略了缺失值的存在，让你面对一个完整数据，对完整数据的分析可以使用所有的传统分析方法。

对于如何评价成列删除，研究者们的争议也是比较大的，成列删除的方法看起来着实很“粗暴”，而且明显存在信息损失，所以给人感觉是糟糕的方法（Miettinen，1985）。但恰恰相反，很多实证或者模拟的研究却发现成列删除有很好的效果（Little，1992；Vach，1994；Schafer and Graham，2002；Enders，2010）。成列删除虽然删除了一些信息，但是它并没有加入信息，至少不用担心缺失数据导致的推论错误——这是大多数常用缺失值处理方法面临的一个大问题（Allison，2002）。Schafer 和 Graham（2002）认为很多场合下成列删除都是可取的，特别是当缺失比例很小的时候，成列删除拥有很高的效率。

所以可以发现，成列删除并非完全不可取，事实上成列删除的优劣取决于两个因素：缺失机制和缺失比重。如果缺失机制是完全随机（MCAR）的，根据成列删除后的数据计算的大部分统计量是无偏的，诸如均值、方差和回归系数；但是如果数据的缺失不是完全随机的（MAR 或者 MNAR），根据成列删除后计算的所有估计值几乎都是有偏的。如果缺失比重很小，成列删除不会损失太多信息；但是如果大量数据缺失，这种删除会抛弃很多数据。还有一种情况，有些时候数据看起来单个变量缺失的不多，但由于存在大量的变量，对个别变量极小比例的缺失如果采用成列删除综合起来都会引致大量数据的删除。

成列删除还承担着为之后两章的插补方法提供后验分布和插补初始值的作用。因为缺失数据的后验分布只能通过完整观测产生，此外成列删除连同 4.2 节讨论的成对删除还承担另外一个作用，成列删除或成对删除后计算的参数，可以作为多重插补的迭代算法的初始值（见第 6 章）。

4.1.2 成列删除引致的估计错误分析

农业经济调查的缺失数据经成列删除后，就可以根据完整数据对参数进行估计。从估计方法上毋需赘述，重点讨论用成列删除以后的完整数据进行的参数估计判断会产生的问题，总结起来成列删除会为估计带来两个问题：估计的偏差问题和精度的损失问题。

（1）估计的偏差。设含缺失值的某一农业经济调查变量 $y=(y_{obs}, y_{mis})$，y_{mis} 所占的比重为 p_{mis}，p_{mis} 即删除比重，则 y_{obs} 所占的比重为 $1-p_{mis}$。现把 $y=(y_{obs}, y_{mis})$ 看成分别来自总体的未缺失部分 Y_{obs} 和缺失部分 Y_{mis}，而 $Y=(Y_{obs}, Y_{mis})$ 中未缺失部分和缺失部分的均值分别为 (μ_{obs}, μ_{mis})，对应的比重为 $(1-p_{mis}, p_{mis})$，则总体均值：

$$\mu=(1-p_{mis})\mu_{obs}+p_{mis}\mu_{mis} \tag{4-1}$$

那么，成列删除后，根据完整数据计算的均值和总体均值之差：

$$\mu_{obs}-\mu=p_{mis}(\mu_{obs}-\mu_{mis}) \tag{4-2}$$

也即成列删除后，根据完整数据计算的均值的偏差取决于删除比例（缺失比例）和总体未缺失部分与缺失部分均值之差，删除比例越高，偏差会越大。但是总体未缺失部分与缺失部分均值之差取决于缺失机制，如果缺失是完全随机的（MCAR），那么：

$$\mu_{obs}-\mu_{mis}=0 \tag{4-3}$$

则式 4–2 中：

$$\mu_{obs}-\mu=0 \tag{4-4}$$

也即在完全随机缺失下，成列删除后得到的均值估计是无偏的。

（2）精度的损失。成列删除后估计的精度损失来自两个方面：其一，样本容量的减小，意味着估计的学生 $-t$ 分布的自由度也变小，分位数变大，使置信区间变宽或检验的显著性下降；其二，根据成列删除的完整数据进行估计，意味着样本容量变小，如此估计的标准误差增加，估计的置信区间变宽或检验的显著性下降。

这第一个方面的精度损失很好理解。设农业经济调查某变量 $y=(y_{obs}, y_{mis})$，样本容量为 n，缺失部分 y_{mis} 的个数为 r。学生 $-t$ 分布是基于自由度的，在 y 未缺失的情况下，由 $\bar{y}_{mis}$ 估计参数 μ，此时用到的学生 $-t$ 分布的自由度为 $n-1$，在显著水平 α 下，其第 100（$1-\alpha/2$）分位数为 $t_{\alpha/2}(n-1)$；但在 y 缺失的情况下，根据成列删除由 $\bar{y}_{obs}$ 估计参数 μ，此时用到的学生 $-t$ 分布的自由度为 $n-r-1$，在显著水平 α 下，其第 100（$1-\alpha/2$）分位数为 $t_{\alpha/2}(n-r-1)$。而由于 $n-r-1<n-1$，则：

$$t_{\alpha/2}(n-r-1) > t_{\alpha/2}(n-1) \tag{4-5}$$

区间变宽或者检验显著性下降。由自由度造成的精度损失到底有多大主要取决于 n 的大小，当 n 较小而 r 较大时，由自由度造成的精度损失会比较明显，但当 n 很大时这个损失几乎可以忽略。

下面来看由估计标准误差造成的精度损失。简化符号，令农业经济调查含缺失值的变量 y_i（$i=1, 2, \cdots, n$）分为观测部分 y_1 和缺失部分 y_0，未缺失的观测数为 n_1，该变量的缺失指示向量为 $\mathbf{r}=\{r_i\}$，其中：

$$r_i=\begin{cases}1, & y_i \in y_1 \\ 0, & y_i \in y_0\end{cases} \tag{4-6}$$

显然，y 观测部分 y_1 为：

$$y_1=r_i y_i \tag{4-7}$$

而成列删除后根据观测数据计算的均值：

$$\bar{y}_1=\frac{\sum_{n_1}\bar{y}_1}{n_1}=\frac{\sum_{n} r_i y_i}{\sum_{n_1} r_1}=\frac{\sum_{n} r_i y_i}{n_1} \tag{4-8}$$

显然，式 4-8 中 $\sum_{n} r_i=n_1$。由此，

$$\begin{aligned} Var(\bar{y}_1) &= Var\left(\frac{\sum_{n} r_i y_i}{n_1}\right) \\ &= \frac{1}{n_1^2} Var\left(\sum_{n} r_i y_i\right) \end{aligned} \tag{4-9}$$

假设样本基于独立同分布的放回抽样，则式 4-9 为：

$$Var(\bar{y}_1) = \frac{1}{n_1^2}\sum_n Var(r_i y_i) = \frac{1}{n_1^2}\sum_n Var(r_i)$$
$$= \frac{n_1}{n_1^2} Var(y_i) = \frac{1}{n_1} Var(y_i) \tag{4-10}$$
$$= \frac{n}{n_1}\frac{Var(y_i)}{n}$$

式 4–10 中，

$$\frac{Var(y_i)}{n} = Var(\bar{y}) \tag{4-11}$$

这就意味着，成列删除以后的估计量的均方误差是完整数据时估计量均方误差的 n 倍，而且数据缺失越多越小，估计量的均方误差就越大。

4.1.3 成列删除引致数据损失和估计错误的模拟分析

下面做两个模拟分析，第一个模拟成列删除对缺失数据信息的删除情况，第二个模拟在不同缺失比例下成列删除的均值推断效果比较。

（1）成列删除对缺失数据信息的删除情况。先模拟产生观测数为 2307 个的农业经济调查数据（该数据在 4.2 节进一步使用，具体描述在 4.2 节展示），这个数据包含 6 个变量，分别是家庭收入（万元）、柑橘产量（千斤）、柑橘种植面积（亩）、柑橘销售额（万元）、化肥支出（万元）、农药支出（万元）。设定缺失模式是一般缺失模式，即每个变量都是完全随机缺失且彼此独立缺失，互不影响。然后分别模拟缺失变量个数的变化和缺失比重的变化对删除比例的影响。

首先观察缺失变量个数对删除比重的影响。将缺失比例设定为 20%，先模拟只有一个变量家庭收入有缺失，再模拟家庭收入和柑橘产量两个变量的缺失，然后逐渐增加变量，观察随着变量的增加，数据中观测的删除比例，模拟结果如表 4–1。

表 4–1　变量个数对删除比例的影响

变量数	完整观测数（个）	删除比重（%）	完整观测减少（%）
1	2307	20.1	—
2	1806	37.4	21.7

续表

变量数	完整观测数（个）	删除比重（%）	完整观测减少（%）
3	1459	49.5	19.2
4	1173	59.4	19.6
5	923	68.0	21.3
6	735	74.5	20.4

结果显示，在保持每个变量缺失比例不变（20%）的情况下，利用成列删除在变量增加的情况下完整观测会以 20% 左右的速度迅速下降，而删除比例迅速攀升，当实验变量升到 6 个的时候，删除比例已经达到 74.5%。

然后模拟缺失比重对删除比例的影响。固定 6 个变量不变，将各个变量的缺失比重由小到大逐步提高，观察随着缺失比重的增加，数据中观测的删除比例，模拟结果如表 4–2。

表 4–2　缺失比重对删除比例的影响

缺失比重（%）	完整观测数（个）	删除比重（%）
1	2709	6.2
5	2105	27.1
10	1527	47.1
20	774	73.2
30	363	87.4
50	54	98.1

结果显示当每个变量的缺失比重很低（1%）时，采用成列删除的删除比例并不算高（6.2%）；但缺失比重稍微增加到 5%，删除比例迅速提高到 27.1%，缺失比重为 10% 时删除比例已经高达 47.1%；而当缺失比重为 50% 时，删除比例已经接近 100%，已经很少有完整观测了。

（2）成列删除的均值推断效果比较。然后我们重新模拟农业经济调查样本，让样本来自变量家庭收入，样本容量为 100，来自正态总体。然后分别设定缺失比重为 0%（没有缺失）、10%、20%、30%、40%、50%，产生缺失数据，方法是以缺失比重作为贝努利实验的失败概率产生缺失指示向量挖空原始数据，具体的缺失信息显示在图 4–1 中。

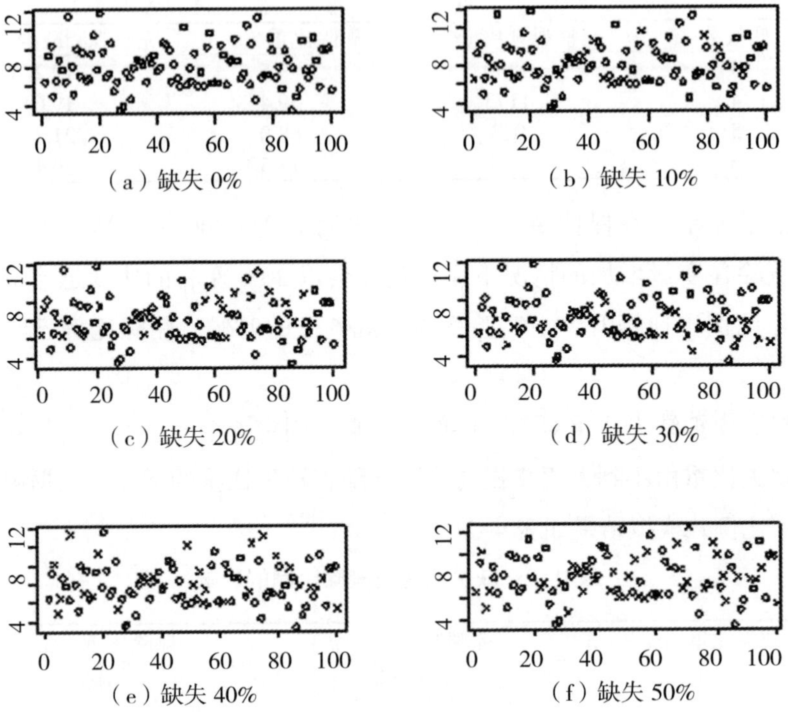

图 4-1　模拟农业经济调查数据的缺失信息

图 4-1 中，“○”表示观测值，“×”表示缺失值，从图中可以发现随着缺失比重增加，缺失值数量增加，但缺失数据和观测数据并没有什么相关关系，缺失是完全随机的，数据模拟效果良好。然后对各缺失数据进行成列删除形成完整数据，各数据的分布图绘在图 4-2 中。

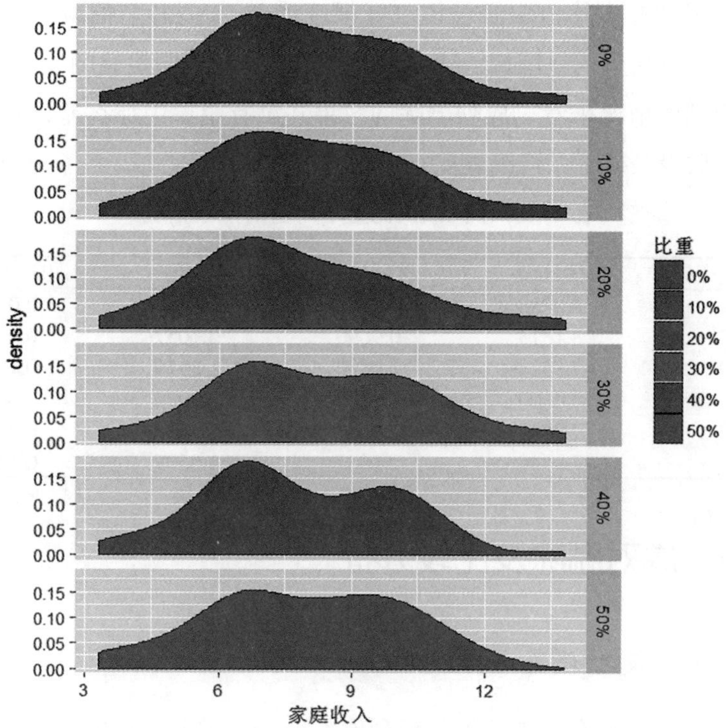

图 4–2 不同缺失比重的农业经济调查缺失数据成列删除后的分布

图 4–2 显示了不同缺失比重下成列删除后的完整数据的频率密度分布，发现随着缺失比重的增加，成列删除后保留数据的分布形态与原始完整数据的差异加大。但可以发现，由于数据的缺失是完全随机（MCAR）的，纵使是很大的缺失比重，其成列删除后的数据也没有完全扭曲原始分布，足见在完全随机假设下成列删除的效果是很好的。

再进一步定量分析，对成列删除后的完整数据计算点估计，构建 95% 的置信区间，计算区间宽度；然后以 H_0 ： μ =7.5 为原假设进行参数双侧检验，计算 t 值和 P 值，结果显示在表 4–3 中。

由表 4–3 可知，由于缺失是完全随机的，所以不同缺失比重下的点估计与真实值都比较接近，当然，随着缺失比重的变大，点估计的波动也会大一些。置信区间宽度明显随着缺失比重的增加而增加，说明成列删除会引起估计精度下降，而且缺失比重越高越明显。从检验的角度，有一定的偶然性（譬如样本均值跟假设值刚好很接近），t值和P值波动较大，但总的来看随着缺失比重增加，t值减小，P值变大，说明检验的显著性下降。但是从模拟的情况来看，成列删除的效果并没有想象中那么差，在完全随机缺失的假设条件下，成列删除拥有很好的推断效果。

表 4-3　不同缺失比重下均值的推断情况

缺失比重（%）	估计值	区间宽度	t 值	Pr（>|t|）
0	8.0388	0.8769	2.4383	0.0165
10	8.1313	0.9690	2.1057	0.0382
20	7.8528	1.0390	1.3519	0.1803
30	8.3105	1.0732	3.0088	0.0036
40	7.8137	1.0582	1.1838	0.2407
50	7.9548	1.1687	1.5595	0.1246

4.2　成对删除及比较分析

4.2.1　成对删除及其争议

对农业经济调查缺失数据的成列删除会丢失过多的数据，特别是当缺失比例很高或者数据变量很多时尤为明显。注意到这么一个问题，农业调查的目的不是数据本身，而是利用调查到的数据进行分析，也就是说只需要根据农业调查数据获得一些参数即可，比如当知道变量的均值向量和协方差矩阵时就可以对数据进行回归分析、判别分析、因子分析，等等。

只要达到这个目的，那么就不需要删除缺失值对应的所有观测值，可以采用成对删除（pairwise deletion）来减少数据的删除。成对删除也叫可用个案分析（available case analysis），是指仅删除需要用到的变量中存在缺失值的个案。比如要算均值和方差，只要根据各变量中未缺失部分的数据来计算，而不需要交叉删除。而计算协方差和相关系数时，只需要相应两个变量的完整观测，而两个变量的成列删除的删除比重是相对很低的，这样就可以尽量少地删除缺失值。这样同样得到了均值向量、协方差矩阵等，但是比成列删除利用了更多的信息。

从前面的分析来看，成对删除似乎是比成列删除更好的一个处理缺失值的方法，但事实上成对删除一直存在着争议（Little和Rubin，2002）。首先，成对删除没法得到完整数据，因此不能用传统的数据分析方法，利用成对删除结果所进行的分析不仅更复杂，而且带有很大的风险，因为其正确性无法确定。其次，成对删除的参数估计很难来自同一样本，这样参数的比较、估计、检验都会存在问题，比如我们要根据一个农业经济调查的缺失数据成对删除去估计农户家庭收入关于柑橘产量、柑橘种植面积的回归模型，那么每个变量的均值都来自不同的样本，拥有不同的样本容量，三个变量之间的协方差又来自不同的样本，拥有不同的样本容量，最终的回归模型我们虽然能得到点估计，但模型的区间估计和检验到底使用哪个样本容量来计算模型参数估计的标准误差难有定论。有人建议用最大的样本容量，有人建议用最小的样本容量，然后没有一个是令人满意的，原则上可能得到标准误差的一致估计值，但公式很复杂（Allison，2002）。

成对删除还有一个问题，容易产生一个非正定的协方差矩阵。而很多统计分析诸如多元回归分析都是基于一个正定的协方差阵，这就需要对估计结果进行针对性的修正。

此外，从实际效果对比中，成对删除是否比成列删除占优也存疑（van Praag，Dijkstra et al.，1985），成对删除在数据完全随机缺失（MCAR）的假设下可能会拥有更好的效果（Kim and Curry，1977；Little，1992；Marsh，1998），但也有很多研究显示成列删除效果更好（Haitovsty，1968；Azen and van Guilder，1981）。

4.2.2 成对删除的估计复杂性分析

对农业经济调查缺失数据成列删除以后的估计是简单的，因为面对完整数据用传统估计方法即可，但如果是成对删除就比较复杂，而且还会产生很多问题。

以两个变量为例，设农业经济调查数据中含有缺失值的两个变量 $Y_j=\{y_{ij}，i=1，2，\cdots，n\}$ 和 $Y_k=\{y_{ik}，i=1，2，\cdots，n\}$。$Y_j$ 的完整观测数为

n_j，Y_k 的完整观测数为 n_k，两者共同的完整观测数为 n_{jk}。根据成对删除，基于两变量各自的可用观测数，两个变量的均值估计为：

$$\bar{y}_j=\frac{\sum_{n_j} y_{ij}^{obs}}{n_j} \text{和} \ \bar{y}_k=\frac{\sum_{n_k} y_{ik}^{obs}}{n_k} \qquad (4\text{–}12)$$

方差估计为：

$$s_j^2=\frac{\sum_{n_j}(y_{ij}^{obs}-\bar{y}_j)^2}{n_j-1} \text{和} \ s_k^2=\frac{\sum_{n_k}(y_{ik}^{obs}-\bar{y}_k)^2}{n_k-1} \qquad (4\text{–}13)$$

而协方差的估计则基于两变量共同的观测数：

$$s_{jk}=\frac{\sum_{n_{jk}}(y_{ij}^b-\bar{y}_j)(y_{ik}^b-\bar{y}_k)}{n_{jk}-1} \qquad (4\text{–}14)$$

其中，y_{ij}^b 为两个变量共同的观测。两变量的相关系数估计为：

$$r_{jk}=\frac{s_{jk}}{\sqrt{s_j^2 s_k^2}} \qquad (4\text{–}15)$$

式 4–12 到式 4–15，我们完全符合成对删除的精神，对参数进行了估计，做到最大化地利用信息。但必须注意到在计算均值方差和协方差时，是基于不同的样本容量的，糟糕的是在计算相关系数时又把它们放在一起，这将会产生一个问题，根据式 4–15 计算的相关系数的绝对值有可能超过 1，这显然难以接受。

一个替代的方法是，在计算均值和方差的估计时，用两变量共同的观测样本来计算，即把式 4–12 改为：

$$\bar{y}_{jb}=\frac{\sum_{n_{jk}} y_{ij}^b}{n_{jk}} \text{和} \ \bar{y}_{kb}=\frac{\sum_{n_{jk}} y_{ik}^b}{n_{jk}} \qquad (4\text{–}16)$$

把式 4–13 改为：

$$s_{jb}^2=\frac{\sum_{n_{jk}}(y_{ij}^b-\bar{y}_{jk})^2}{n_{jk}-1} \text{和} \ s_{kb}^2=\frac{\sum_{n_{jk}}(y_{ij}^b-\bar{y}_{kb})^2}{n_{jk}-1} \qquad (4\text{–}17)$$

把式 4–14 改为：

$$s_{jk}^b=\frac{\sum_{n_{jk}}(y_{ij}^b-\bar{y}_{jb})(y_{ik}^b-\bar{y}_{kb})}{n_{jk}-1} \qquad (4\text{–}18)$$

则式 4–15 相应改为：

$$r_{jk}^{b}=\frac{s_{jk}^{b}}{\sqrt{s_{jb}^{2}s_{bk}^{2}}} \tag{4-19}$$

根据式 4–19 计算相关系数，显然不会出现相关系数的绝对值大于 1 的问题。但是可以发现，式 4–19 似乎有悖成对删除的初衷，足见想完全依赖成对删除思想尽可能地利用信息来估计参数，也是很困难的。

4.2.3 成对删除和成列删除在相关关系估计上的模拟比较分析

由于成对删除和成列删除非常接近，下面模拟分析重点对比成对删除和成列删除对变量相关关系的影响。模拟数据来自 4.1 节中为农业经济调查 6 个变量的模拟，该数据来自一个多元正态分布的随机抽取，事先设定的 6 个变量的均值向量为（7.6，4.3，5.2，6.4，0.5，0.6），为了忽略相关的方向，改用判定系数（R^2）来取代相关系数，对应相关阵更替为 R^2 矩阵，该 R^2 矩阵（下文用 $\sum_f$ 表示）如表 4–4 所示。

表 4–4 的 R^2 矩阵的获得方法为相关阵点乘本身，用符号表示如下：

$$R^2=\Sigma^2=\Sigma\otimes\Sigma \tag{4-20}$$

表 4–4 农业经济调查总体的判定系数矩阵

变量	家庭年收入	柑橘销售额	柑橘产量	柑橘种植面积	化肥支出	农药支出
家庭年收入	1.00	0.29	0.34	0.26	0.48	0.50
柑橘销售额	0.29	1.00	0.68	0.57	0.38	0.37
柑橘产量	0.34	0.68	1.00	0.76	0.49	0.42
柑橘种植面积	0.26	0.57	0.76	1.00	0.64	0.57
化肥支出	0.48	0.38	0.49	0.64	1.00	0.75
农药支出	0.50	0.37	0.42	0.57	0.75	1.00

从该多元正态总体随机抽取的 2307 个数据（对不正常值进行调整后）作为原始完整数据，由于数据太大，不好用散点图展示，图 4–3 展示了这 6 个变量的相关关系矩阵。该图右上角部分展示变量间的相关程度大小，左下角部分展示变量间的相关方向，颜色的深浅表示相关程度高低，相关

程度越高颜色越深。我们发现该模拟的农业调查数据中，6 个变量之间均呈正相关，其中化肥支出与农药支出、柑橘产量与柑橘种植面积有很高的相关程度，家庭收入和柑橘产量的相关程度最低，其他居中。

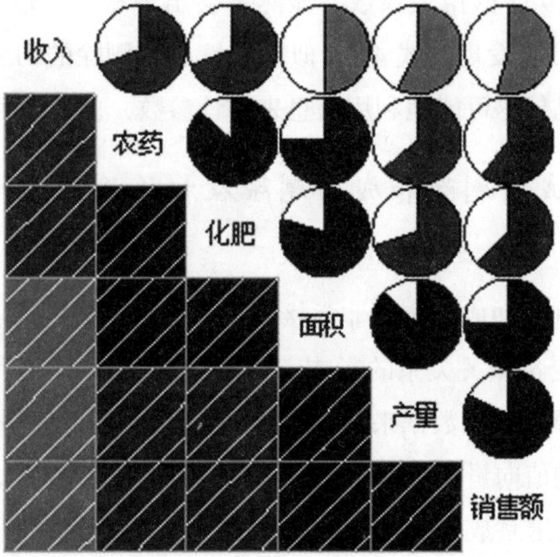

图 4–3　模拟农业经济调查数据的相关矩阵

然后将完整数据每个变量以 0.1 的比率完全随机缺失（MCAR），彼此独立。首先采用成列删除，然后利用成列删除后的数据计算 R^2 阵（用 Σ_1 表示），如表 4–5 所示。

表 4–5　缺失农业经济调查数据成列删除后的判定系数矩阵

变量	家庭年收入	柑橘销售额	柑橘产量	柑橘种植面积	化肥支出	农药支出
家庭年收入	1.00	0.27	0.32	0.25	0.48	0.48
柑橘销售额	0.27	1.00	0.68	0.58	0.38	0.36
柑橘产量	0.32	0.68	1.00	0.76	0.48	0.41
柑橘种植面积	0.25	0.58	0.76	1.00	0.62	0.57
化肥支出	0.48	0.38	0.48	0.62	1.00	0.74
农药支出	0.48	0.36	0.41	0.57	0.74	1.00

再将缺失数据进行成对删除后计算 R^2 阵（用 Σ_p 表示），如表 4–6 所示。

表 4-6　缺失农业经济调查数据成对删除后的判定系数矩阵

变量	家庭年收入	柑橘销售额	柑橘产量	柑橘种植面积	化肥支出	农药支出
家庭年收入	1.00	0.28	0.34	0.27	0.48	0.49
柑橘销售额	0.28	1.00	0.67	0.58	0.39	0.36
柑橘产量	0.34	0.67	1.00	0.76	0.48	0.41
柑橘种植面积	0.27	0.58	0.76	1.00	0.64	0.57
化肥支出	0.48	0.39	0.48	0.64	1.00	0.74
农药支出	0.49	0.36	0.41	0.57	0.74	1.00

将表 4-6 和表 4-5 分别与表 4-4 对比，发现无论采用成列删除还是成对删除都略微低估部分变量之间的系数。那么到底哪种删除方法计算的系数与真实值更接近呢？计算 $|\sum_p-\sum_f|-|\sum_1-\sum_f|$，得到表 4-7。

表 4-7　成列删除和成对删除的判定系数矩阵对比

变量	家庭年收入	柑橘销售额	柑橘产量	柑橘种植面积	化肥支出	农药支出
家庭年收入	0.0000	-0.0148	-0.0062	0.0089	-0.0058	-0.0162
柑橘销售额	-0.0148	0.0000	0.0039	-0.0015	-0.0030	0.0004
柑橘产量	-0.0062	0.0039	0.0000	-0.0002	-0.0050	0.0022
柑橘种植面积	0.0089	-0.0015	-0.0002	0.0000	-0.0079	-0.0012
化肥支出	-0.0058	-0.0030	-0.0050	-0.0079	0.0000	-0.0021
农药支出	-0.0162	0.0004	0.0022	-0.0012	-0.0021	0.0000

发现在 6 个变量之间总共 15 个系数的对比中，有 4 个利用成列删除估计的 R^2 系数更准确，有 11 个利用成对删除估计的 R^2 系数更准确。可以得到大致结论，成对删除对估计变量之间的相关关系有更好的效果，但不明显。

为了验证更高的缺失比例会不会影响两种删除方法对 R^2 系数估计的准确度。将缺失比例提高到 0.2，仍计算 $|\sum_p-\sum_f|-|\sum_1-\sum_f|$，得到表 4-8。

表 4-8　更高缺失比重下成列删除和成对删除的判定系数矩阵对比

变量	家庭年收入	柑橘销售额	柑橘产量	柑橘种植面积	化肥支出	农药支出
家庭年收入	0.0000	-0.0101	-0.0039	0.0060	-0.0105	-0.0479
柑橘销售额	-0.0101	0.0000	0.0015	-0.0033	-0.0003	-0.0130
柑橘产量	-0.0039	0.0015	0.0000	-0.0106	-0.0044	0.0105
柑橘种植面积	0.0060	-0.0033	-0.0106	0.0000	0.0065	-0.0019
化肥支出	-0.0105	-0.0003	-0.0044	0.0065	0.0000	-0.0076
农药支出	-0.0479	-0.0130	0.0105	-0.0019	-0.0076	0.0000

更高的缺失比例将引致成列删除后更高比例的观测删除，从而使估计准确度下降。但表 4–7 却显示，成对删除并没有明显地提高估计准确度，仍然有 4 个 R^2 系数的估计成列删除比成对删除更准确。可见，虽然成对删除较之成列删除有可能更准确的估计，但准确度并不随着缺失比例的增加而提高。

4.3 随机缺失下成列删除有偏估计的加权调整分析

4.3.1 加权调整的基本模型

在非完全随机缺失（MCAR）下，对农业经济调查缺失数据的成列删除都会给数据的参数估计造成偏差，可以引入加权调整的思想减少这种偏差。加权调整的一个基本思想是，引入辅助信息将目标变量分层，预测目标变量在各层中的缺失概率，然后以这个概率对该层中的未缺失的观测值反向加权，计算参数的估计量，它是对成列删除后直接按照传统方法计算估计量的一种修正。

为了考虑因数据缺失引起的估计量的调整，先将常用的估计量公式进行变换。假设农业调查的总体是研究范围内所有农户，样本是依照概率抽样获得的，用 I 表示每个农户的入样指示变量：

$$I_i=\begin{cases}1,\text{ 第 } i \text{ 个农户入样}\\0,\text{ 第 } i \text{ 个农户入样}\end{cases} \tag{4–21}$$

第 i（i=1，2，…，N）个农户的入样概率为 π_i，即：

$$\Pr(I_i=1)=\pi_i \tag{4–22}$$

比如对于一个可重复的简单随即抽样，π_i=1/N。那么每一个被抽中的农户可以看成总体 1/π_i 个农户的代表，因此总体总量 T_y 的估计可以用以下加权的形式（Horvitz and Thompson，1952）：

$$\hat{T}_y=\sum_{i=1}^{n}\frac{1}{\pi_i}y_i \tag{4–23}$$

总体均值的估计可以看成来自各分层样本的加权平均，每层的权重为：

$$w_i=n\cdot\frac{(1/\pi_i)}{\sum_{i=1}^{n}(1/\pi_i)} \tag{4-24}$$

显然，$\sum_{i=1}^{n}w_i=n$ 总体均值估计为：

$$\hat{\mu}=\bar{y}=\frac{1}{n}\sum_{i=1}^{n}w_iy_i \tag{4-25}$$

式 4-24 和式 4-25 是完全观测情况下的估计，现在考虑数据有缺失的情况。为简化问题，姑且假设数据缺失是由农户不回答造成的，用 R 表示农户是否回答的指示变量，即：

$$R_i=\begin{cases}1，第\ i\ 个农户回答\\0，第\ i\ 个农户回答\end{cases} \tag{4-26}$$

第 i（$i=1，2，\cdots，n$）个被抽中的农户有回答的概率为 ϕ_i，即：

$$\Pr(R_i=1|I_i=1)=\phi_i \tag{4-27}$$

那么第 i 个农户入样而且愿意回答的概率：

$$\Pr(I_i=1，R_i=1)=\Pr(I_i=1)\times\Pr(R_i=1|I_i=1)=\pi_i\phi_i \tag{4-28}$$

由于存在缺失数据，在删除缺失数据后，仅用未缺失数据计算总体参数的估计量，相应地，权数 w_i 也调整为：

$$w_i=r\cdot\frac{1/(\pi_i\phi_i)}{\sum_{i=1}^{r}[1/(\pi_i\phi_i)]} \tag{4-29}$$

其中，r 为数据未缺失数目。总体均值的估计为：

$$\hat{\mu}_y=\bar{y}_{obs}=\frac{1}{r}\sum_{i=1}^{n}w_iy_i \tag{4-30}$$

4.3.2　加权调整的方法

式 4-30 只是一个理论模型，因为在农业经济调查中我们并不能事先知道农户是否愿意回答，所以无法获知 ϕ_i，需要结合实际的调查情况进行有效的估计。在 Politz 和 Simmons（1949）、Oh 和 Scheuren（1983）、Rosenbaum 和 Rubin（1983）、Little（1986）等的研究中，介绍了多种加权调整的具体方法，需结合农业调查的特点和实际情况选择具体的加权调整方法。

如 3.1 节所述，农业经济调查有一个特点，能在调查前获得较多的辅助信息，比如家庭人口、承包土地面积等，那么这些变量是无缺失的，就可以根据这些变量对数据分层，这样含缺失值的变量也随之分层，我们就可以根据每层中的缺失情况对 ϕ 进行估计。如果辅助无缺失的变量与目标有缺失的变量有较高的相关关系，那么 ϕ 的估计是较为精确的。

假设含缺失值的变量依不含缺失值的变量被分为 j 层，那么每一层样本未缺失概率 ϕ_j 的一个估计为：

$$\hat{\phi}_j=\frac{r_j}{n_j} \tag{4-31}$$

其中，n_j 表示在第 j（j=1，2，…，k）类的样本容量，$\sum_{j=1}^{k} n_j=n$；r_j 为第 j 层中未缺失的样本单位数，$\sum_{j=1}^{k} r_j=r$。那么，各层的权数 w_j 的一个估计为：

$$\hat{w}_j=r\cdot\frac{1/(\pi_j\hat{\phi}_j)}{\sum_{j=1}^{k}[1/(\pi_j\hat{\phi}_j)]} \tag{4-32}$$

其中，π_j 表示第 j 层样本的入样概率。此时，含缺失值变量均值经加权调整后的估计为：

$$\hat{\mu}_y=\bar{y}_k=\frac{1}{r}\sum_{j=1}^{k}\hat{w}_j\,\bar{y}_{i.obs} \tag{4-33}$$

其中 $\bar{y}_{i.obs}$ 为第 j 层中未缺失样本部分的均值。

进一步如 3.5 节所述假设农业经济调查基于可放回的简单随机抽样，那么样本中每个单位的入样概率恒相等，即 $\pi_i=1/N$，那么 $\pi_j=n_j/N$，则式 4–33 变为：

$$\bar{y}_{kp}=\frac{1}{r}\sum_{j=1}^{k} r\cdot\frac{1/(\frac{n_j}{N}\cdot\frac{r_j}{N})}{\sum_{j=1}^{k}[1/(\frac{n_j}{N}\cdot\frac{r_j}{N})]} \tag{4-34}$$

化简后为：

$$\bar{y}_{kp}=\frac{1}{n}\sum_{j=1}^{k} n_j\bar{y}_{i.obs} \tag{4-35}$$

该式为一个非常简单的形式。

如果更进一步假设在第 j 层中未缺失的样本也是随机的［或说缺失是完全随机（MCAR）的］，该估计量的方差（均方误差）为：

$$Var(\bar{y}_{kp})=\sum_{j=1}^{k}\left(\frac{n_j}{n}\right)^2\frac{1}{r_j}S_j^2 \tag{4-36}$$

证明由 Oh 和 Scheuren（1983）给出。其中 S_j^2 为第 j 层样本对应的总体方差，可以用第 j 层样本方差 S_j^2，但是由于数据含缺失值 S_j^2 也是未知的，只能根据第 j 层完整个案样本方差 $S_{j.obs}^2$ 来估计，这个估计较为复杂，其形式如下：

$$\hat{Var}(\bar{\bar{y}}_{kp})=\sum_{j=1}^{k}\left(\frac{n_j}{n}\right)^2\left(\frac{1}{r_j}-\frac{n}{n_jN}\right)S_{j.obs}^2+\frac{N-n}{(N-1)}\cdot\frac{1}{n^2}\sum_{j=1}^{k}n_j(\bar{y}_{j.obs}-\bar{\bar{y}}_{kp}) \tag{4-37}$$

式 4–37 中的第二部分为用完整个案的样本方差去估计总体方差的一种不确定性带来的方差正向调整。在大部分农业调查中总体都很大，很多时候甚至不知道总体容量大小，所以式（4–37）又可以简化为：

$$\hat{Var}(\bar{\bar{y}}_{kp})=\sum_{j=1}^{k}\left(\frac{n_j}{n}\right)^2\frac{1}{r_j}S_{j.obs}^2+\frac{1}{n^2}\sum_{j=1}^{k}n_j(\bar{y}_{j.obs}-\bar{\bar{y}}_{kp}) \tag{4-38}$$

根据式 4–38，利用中心极限定理，可以为总体均值构建概率为 $1-\alpha$ 的置信区间：

$$\bar{\bar{y}}_{kp}\pm z_{\alpha/2}\sqrt{\hat{Var}(\bar{\bar{y}}_{kp})} \tag{4-39}$$

其中，$z_{\alpha/2}$ 为标准正态分布的第 100（$1-\alpha$）个百分位数。如在 95% 的概率下，总体均值的置信区间为：

$$\bar{\bar{y}}_{Kp}\pm 1.96\sqrt{\hat{Var}(\bar{\bar{y}}_{kp})} \tag{4-40}$$

4.3.3 加权调整效果的模拟分析

模拟数据来自农业经济调查的两个变量：家庭收入和柑橘产量，样本来自均值向量为（5，8），协方差矩阵为$\begin{pmatrix}4 & 4.8\\ 4.8 & 9\end{pmatrix}$的二元正态分布，样本容量为 147。

然后不改变柑橘产量数据，以第 3 章的方法让家庭收入数据随机缺失（MAR），缺失比重为 50%。模拟完成后两个变量的散点分布如图 4–4 所示。从图 4–4 中首先会发现两个变量的线性相关程度很高，然后会发现家庭收入的缺失跟本身无关，但缺失个数却随着柑橘产量的增加而增加。这说明缺失是随机（MAR）的，模拟效果良好。

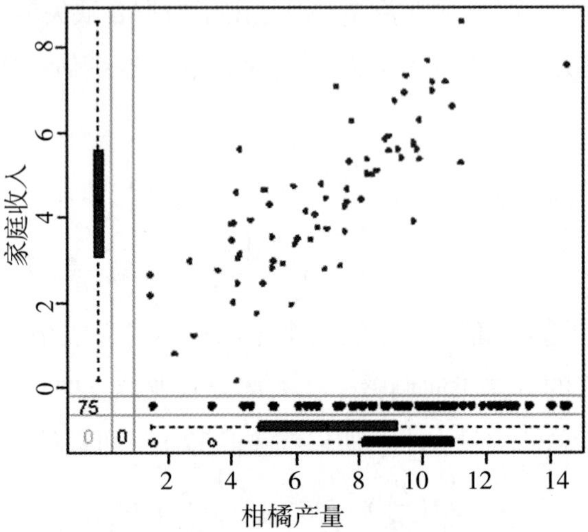

图 4–4　模拟农业经济调查数据的散点分布

然后再将模拟的农业经济调查数据按照柑橘产量排序，均匀分成 5 层，统计每一层的缺失个数，在每一层的子样本中按照成列删除获取完整子样本，然后计算均值，结果显示在表 4–9 中。

表 4–9　家庭收入根据柑橘产量的分层情况

层次	总观测个数	缺失值个数	缺失比例（%）	成列删除后均值
1	30	6	20.00	2.951886
2	30	9	30.00	4.102930
3	30	17	56.67	5.717312
4	30	20	66.67	6.172167
5	27	23	85.19	7.033665

从表 4–9 中发现，由于数据是随机缺失（MAR），越高的层次数据缺失越多，这就意味着直接成列删除的均值是有偏的。经计算，完整样本的真实均值是 5.152038，如果直接成列删除，计算所得的均值是 4.460947，明显偏小，而改用加权调整方法计算的均值为 5.15808，跟真实均值相差非常之小，可见在随机缺失（MAR）的假设下，加权调整方法能为成列删除提供很好的修正。

4.4　结论和讨论

删除是所有的缺失值处理方法中首先会被想到的，在没有任何缺失值理论指导的情况下，农业经济管理研究人员会自动采取这种方法来处理农业经济调查缺失数据，而且这个方法也被数据分析软件所默认，这也许是缺失值问题一般容易被忽略的原因。

本章的分析集中在这么几个问题：第一，删除方法是不是完全不可取；第二，如果说删除不是个好的方法，会造成什么破坏，能不能修正；第三，删除方法对其他缺失值处理方法有没有帮助。

事实上，研究人员对删除方法一直是有争议的，很多研究人员认为删除并不是完全不可取。特别是在缺失比例小的时候，删除是有较好的效果的。删除虽然会丢失一些信息，但是也没有为数据加入信息，于是不用承担额外的加入信息导致严重失真的风险。而且成列删除还承担着估计缺失数据后验分布的任务。

删除可分为成列删除和成对删除。成列删除是将农业经济调查缺失数据中含缺失值的所有个案删掉，留下完整个案，一般意义上的删除指的就是这种方法。在数据缺失是完全随机（MCAR）的情况下，被成列删除保留下来的部分可以看成样本的一个简单随机抽样，因此除了样本容量小一点以外，其他都跟原样本一样。可见，只要缺失比例不大，在完全随机缺失的假设下，成列删除有很好的效果。当然，缺失比重大了以后删除比例也就高了，这时候在估计检验的时候精度下降，结果就是造成过高的置信区间和过低的检验统计量，这就是成列删除时删除信息造成的负面影响。在本章中模拟随机产生变量数目不定的农业经济调查数据，以不同的缺失比重将它们挖空产生缺失值，结果发现当变量很少时，缺失比重略高一点删除比例也不会太高，但当变量稍微多一点，哪怕很小的缺失比重都会产生很大的删除比例。

成对删除是指如果我们不需要数据本身，而是只需要根据数据的参数估计，那么就不需要完整数据来估计参数，只要根据可用数据来估计参数，于是不需要像成列删除一样删除过多的信息。比如计算均值只要根据单个变量的完整部分计算，计算协方差只要根据相应两个变量的完整部分来计算，这样就能得到均值向量和协方差阵用于进一步的回归、判别、因子等数据分析。可见，成对删除比成列删除用到了更多的信息，但是由于其参数估计不是来自同一个样本，所以计算方法比较复杂而且富有争议，此外还容易产生非正定的协方差阵。此外，在本章所做的一个模拟分析发现，其实成对删除在对缺失农业经济调查的相关关系估计上并没有显著优于成列删除。

无论是哪种删除方法，在数据缺失是非完全随机的情况下，估计都是有偏的，对成列删除的估计的加权调整可以给予一定的修正。其思想是根据辅助信息，将农业缺失数据分层，然后在各层计算完整观测的均值，再将各层的均值加权平均得到总均值，权数选择考虑这一层的缺失比例。这样就可以在数据非完全随机缺失的情况下获得一个无偏的估计。基于随机缺失（MAR）的模拟研究发现，对成列删除的均值进行加权调整能有效弥补成列删除的估计有偏性。

删除方法还有一个作用，为插补方法，特别是多重插补方法提供插补的初始值。多重插补，特别是一般缺失模型下，插补是基于迭代算法的，那就需要初始值，而成列删除和成对删除的参数估计就可以作为初始值使用。

5　农业经济调查数据缺失值处理的单一插补及模拟比较分析

在第 4 章中，采取成列删除的方法从缺失的农业经济调查数据中提取具有完全观测的个案组成完整数据进行分析，虽然很简单，但面临着潜在信息的巨大损失，虽然采取成对删除可以让信息损失减少，但仍不可避免。再者，从农业经济调查工作人员心理的角度，虽然从第 4 章的分析中发现删除方法也拥有不错的推断效果，但任何原始数据的获得都是不易的，因为缺失而对数据进行粗暴的删除，哪怕是极小比例的删除也是可惜的。特别是有些个案，也许只是一两个变量的无回答而引致整个个案的删除，令人难以接受。一个也许更好的方法是不删除这些含缺失值的数据，而是替以插补的方法，就是为缺失值填补上合理的值。这些插补值可以在观测值中产生，也可以根据已观测值的后验分布，根据贝叶斯统计思想，为缺失值填补上合理的预测值。

5.1　单一插补的模型和缺陷分析

5.1.1　单一插补的基本思想

农业经济调查中缺失数据中那些被成列删除的信息，有时候可能是很有用的。譬如在一次农业经济调查中家庭收入数据有缺失，但柑橘产量数据是完整的，如果采取成列删除，那些与农户家庭收入缺失值对应的柑橘产量数据一并被删除，但这个被删掉的信息也许是有用的。现在采取另外一种思路，无论从定性还是定量分析的角度，我们容易知道农户的家庭收入跟柑橘产量是有相关关系的，更高的柑橘产量往往意味着更高的家庭收入，那么根据贝叶斯统计的思想，可以构建一个家庭收入关于柑橘产量的后验预测分布，利用这个分布，可以对家庭收入的缺失值进行预测（比如均值或随机抽取），然后用这个预测值来代替缺失值，从而使缺失数据“完整”，这就是插补的基本思想。

根据同一缺失值的插补值个数，缺失值的插补方法可以分为单一插补和多重插补。单一插补是指为每一个缺失值插入一个单一值，从而获得一个“完整”数据；多重插补是指为每一个缺失值插入 m（$m>1$）个值，从而形成 m 个“完整”数据。跟多重插补相比，单一插补显然是一个更容易操作的插补方法，而且由于只获得一个“完整”数据，对数据的描述和展示更为简单。在本章中我们探讨单一插补方法，而将多重插补则留在第6章探讨。

根据插补模型的明确性，单一插补可分为两类。第一类是根据观测数据，基于明确的假设和模型进行插补，包括均值插补、回归插补、随机插补等；第二类是根据观测数据，结合辅助信息甚至是农业经济调查人员的经验为缺失值插入自认为合理的插补值，这种方法不需要明确的模型，主要基于一些算法，比如冷平台插补、热平台插补。

5.1.2 单一插补的基本模型

插补的思想基于贝叶斯统计思想，其基本思路是在特定的农业经济调查中，根据我们手中掌握的所有信息，为缺失信息建立一个后验预测分布，然后根据这个预测分布完成对缺失值的预测。

设 θ 为来自一个有缺失数据农业经济调查总体 $Y=(Y_{obs}, Y_{mis})$ 的感兴趣参数，θ 可以是单一的标量或者是向量，取决于感兴趣参数的个数，比如想知道农户的平均家庭收入时 $\theta=\mu$。对 θ 的估计来自 θ 基于完整

数据的后验分布 $P(\theta|Y_{obs}, Y_{mis})$，由于 Y_{mis} 未知，那么对 θ 的估计是否准确取决于 θ 基于总体观测部分 Y_{obs} 的后验分布 $P(\theta|Y_{obs})$。

如前文所述，如果数据的缺失是完全随机（MCAR）的，那么：

$$P(\theta|Y_{obs})=P(\theta|Y_{obs}, Y_{mis}) \tag{5-1}$$

此时，成列删除都可以获得无偏估计。而且由于：

$$P(\theta|Y_{obs})=P(\theta|Y_{mis}) \tag{5-2}$$

估计量的方差也是准确的。

插补提供了另一个思路，利用 Y_{mis} 基于 Y_{obs} 的后验分布 $P(Y_{mis}|Y_{obs})$，Y_{obs} 从中产生插补值替代 Y_{mis}，即：

$$P(\theta|Y_{obs})=\int P(\theta|Y_{obs}Y_{mis})P(Y_{mis}|Y_{obs})dY_{mis} \tag{5-3}$$

若式 5-2 成立，可以从 Y_{obs} 中产生随机值插补 Y_{mis}，其参数估计与成列删除无异，但样本容量更大容易获得更精确的区间估计和更显著的检验统计量。但是如果农业调查数据缺失不是完全随机的，意味着式5-2不成立，$P(Y_{mis}|Y_{obs})$ 不确定。

不同的插补方法意味着对 $P(Y_{mis}|Y_{obs})$ 的一种假设，如果这个假设符合数据的实际缺失规律，那么就能得到合理的插补值。因此，单一插补的成功与否既取决于模型的假设也取决于插补者对数据的把握，很多基于插补者经验的插补方法，如冷平台插补、热平台插补，也是有效果的。

5.1.3 单一插补的缺陷分析

跟删除的方法相比，插补似乎是更好的方法，但是如果使用不当，会带来适得其反的效果。因为删除虽然损失了信息，但是也没有加入额外的信息，而插补是带有预测性的，会额外给原始数据加入一些信息，如果加入的信息是适当的，会带来很好的效果，但是如果加入的信息不适当，不仅不会带来帮助，还会给分析带来破坏。正如 Dempster 和 Rubin（1983）所言，插补既有魅力又有风险，它的魅力在于让人以为获得了完整数据而很高兴，风险在于其正确性不确定，有时候插补值跟真实值只有细微的差别，那么这种插补就很成功，而有些时候，插补值和真实值会有显著的偏差。

正如前面所言，这个插补值是否恰当取决于由农业经济调查缺失数据的后验分布构造的插补模型，而插补模型是否恰当无法事先验证，因此插补值是否恰当就有很大的偶然性和不确定性。在实际农业经济调查中，当对缺失数据的后验分布信息毫无把握时，删除也许是一个更好的方法（Allison，2002）。

此外，插补方法还有一个问题，那就是插补很多都是基于随机抽取，这就意味着不同研究者，甚至不同时候对同一农业经济调查数据进行插补会带来不同的结果，从而引致不同的分析结论。这是因为从根本上来讲插补是一种模拟的方法，插补值是虚拟的而不是真实的，那就意味着插补值的选择不唯一。这个缺点特别影响对农业调查缺失数据插补后的展示，因为结果不唯一，但对估计的影响会小很多，特别是使用了第 6 章的多重插补方法，虽然不同次插补的数据不同，但经过汇总（pool）估计以后，估计值的差别会非常之小。

5.2 均值插补及其改进分析

5.2.1 关于均值插补的讨论

当在农业经济调查数据中遇到缺失值，并想为之插补时，在所有的插补值中，均值是最先会被想到的，因为均值被认为是总体最有代表性的特征值，用均值代替缺失值就是一种很直接和自然的想法。

用均值对缺失值进行插补的一个明显的优点是，它很稳健。首先，不用担心插入不可能值，比如为农户家庭收入插入一个负值。其次，均值插补意味着缺失值在模型后验分布的中心附近取值，所以插补值会在一个非常合理的范围内，不用担心插入异常值，比如为农户家庭收入插入一个超级大的值。

当然，均值插补的缺点也显而易见，由于缺失值是在后验分布的中心附近取值，那意味着插补值会非常集中在数据的中心位置，从而使数据的离散性降低，最终造成对数据方差的系统性低估，进而系统性地低估变量间的相关关系。当然，我们可以采取一些分层插补和随机抽取方法来提高插补值的离散性，但完全消除均值插补对方差的低估是做不到的。

所以，均值插补是一种优点和缺点都很明显的插补方法。从数据分析的角度，均值插补一般不被建议（van Buuren，2012），但在实际操作中其可靠性又令人着迷。

5.2.2 简单均值插补对总体方差的低估分析

简单均值插补是基于变量自身的无条件均值插补，是最简单的一种单一插补方法，由于不需要任何辅助信息，其使用上几乎不受限制。令 $Y=(Y_1, Y_2, \cdots, Y_p)$为农业经济调查中含有缺失值的数据，$Y$中的每一个变量 $Y_j(j=1, 2, \cdots, p)$ 按有无缺失值分为两部分：（$Y_j^{obs}|Y_j^{mis}$）。简单均值插补是指用 Y_j 观测部分 Y_j^{obs} 的均值作为该变量所有缺失值的插补值。

现简化符号，用 y 表示数据 Y 中的某一变量 Y_j，用 y_1 表示其观测部分，数量为 n_1，y_0 表示其观测部分，数量为 n_0，$n=n_1+n_0$ 为样本容量，则均值插补为：

$$y_0=\bar{y}_1 \quad (5\text{–}4)$$

由于每一个插补值都是均值，因此保证了插补后数据中每个变量的均值与观测数据 Y_j^{obs} 中的每个变量的均值是完全相等的，因为：

$$\bar{y}=\frac{\sum_{n_1} y_1+\sum_{n_0} y_0}{n}=\frac{\sum_{n_1} y_1+n_0\bar{y}_1}{n}=\frac{n_1\bar{y}_1+n_0\bar{y}_1}{n}=\bar{y}_1 \quad (5\text{–}5)$$

亦即均值的估计不会因为插补而有偏。但简单均值插补后的变量方差会大大低于观测数据变量的方差。

$$s^2=\frac{\sum_{n_1}(y_1-\bar{y})^2+\sum_{n_0}(y_0-\bar{y})^2}{n-1}=\frac{\sum_{n_1}(y_1-\bar{y}_1)^2+\sum_{n_0}(\bar{y}_1-\bar{y}_1)^2}{n-1}$$
$$=\frac{\sum_{n_1}(y_1-\bar{y}_1)^2}{n-1}=\frac{n_1-1}{n-1}\cdot\frac{\sum_{n_1}(y_1-\bar{y}_1)^2}{n_1-1}=\frac{n_1-1}{n-1}\cdot s_1^{\,2} \quad (5\text{–}6)$$

$s_1^{\,2}$ 为观测数据变量的方差，也即简单均值插补后的方差仅为观测数据方差的（n_1-1）/（$n-1$），大大低估了真实方差，而且我们发现随着缺失比重（n_0/n）的增加，真实方差会被等比例地低估。因为：

$$\frac{n_1-1}{n-1}=\frac{n-n_0-1}{n-1}=1-\frac{n_0}{n-1} \tag{5-7}$$

这个结论很好理解，因为简单均值插补仅在 Y 的后验分布的中心位置取值，其插补值必然是扭曲的不符合的后验分布。因此，除了对方差影响外，由于插补后的数据过多集中于均值，还会低估变量之间相关关系和回归关系，使协方差（如果是正向相关的话）、相关系数和回归系数变小。

现在引入两个变量分析，设农业经济调查数据中含有缺失值的两个变量 $Y_j=\{y_{ij},\ i=1,\ 2,\ \cdots,\ n\}$ 和 $Y_k=\{y_{ik},\ i=1,\ 2,\ \cdots,\ n\}$，$Y_j$ 的完整观测个数为 n_j，Y_k 的完整观测个数为 n_k，两者共同的完整观测个数为 n_{jk}。根据简单均值插补，由 Y_j 和 Y_k 的完整部分观测的均值替代缺失值：

$$\dot{y}^{mis}_{ij}=\bar{y}^{obs}_{ij}=\frac{\sum_{n_1} y^{obs}_{ij}}{n_j} \text{和} \dot{y}^{mis}_{ik}=\bar{y}^{obs}_{k}=\frac{\sum_{n_k} y^{obs}_{ik}}{n_k} \tag{5-8}$$

插补以后，得到“完整”数据，根据式 5–6，Y_j 和 Y_k 的方差分别为：

$$s_j^2=\frac{n_j-1}{n-1}s^2_{j.obs} \text{ 和 } s_k^2=\frac{n_k-1}{n-1}s^2_{j.obs} \tag{5-9}$$

Y_j 和 Y_k 的协方差为：

$$s_{jk}=\frac{\sum_n (y_{ij}-\bar{y}_j)(y_{ik}-\bar{y}_k)}{n-1}=\frac{\sum_n (y_{ij}-\bar{y}^{obs}_j)(y_{ik}-\bar{y}^{obs}_j)}{n-1} \tag{5-10}$$

式 5–7 中分子可分为三部分：

$$\sum_n (y_{ij}-\bar{y}^{obs}_j)(y_{ik}-\bar{y}^{obs}_k)=\sum_{n_{jk}}(y^{obs}_{ij}-\bar{y}^{obs}_j)(y^{obs}_{ik}-\bar{y}^{obs}_k)+\sum_{n-n_j}(\bar{y}^{obs}_j-\bar{y}^{obs}_j)(y_{ik}-\bar{y}^{obs}_k)$$

$$+\sum_{n-n_k}(y_{ij}-\bar{y}^{obs}_j)(\bar{y}^{obs}_k-\bar{y}^{obs}_k) \tag{5-11}$$

式 5–11 后两项有重叠，多加入了 Y_j 和 Y_k 共同缺失部分，但是没有关系，因为这两项都为 0，即 5–10 式可化为：

$$s_{jk}=\frac{\sum_{n_{jk}}(y^{obs}_{ij}-\bar{y}^{obs}_j)(y^{obs}_{ik}-\bar{y}^{obs}_k)}{n-1}=\frac{n_{jk}-1}{n-1}\cdot\frac{\sum_{n_{jk}}(y^{obs}_{ij}-\bar{y}^{obs}_j)(y^{obs}_{ik}-\bar{y}^{obs}_k)}{n_{jk}-1}$$

$$=\frac{n_{jk}-1}{n-1}s^p_{jk} \tag{5-12}$$

根据第 3 章所述，式 5–12 中的 s_{jk}^{p} 为 Y_j 和 Y_k 成对删除后计算的协方差。而成对删除以后的协方差虽然不一定是总体协方差的无偏估计，但也比较接近。可见，简单均值让协方差大约低估了（n_{jk}–1）/（n–1），低估比例取决于 Y_j 和 Y_k 共同观测数的多少，越少的共同观测数会让协方差低估得更多。

更近一步计算，Y_j 和 Y_k 的相关系数为：

$$r_{jk}=\frac{s_{jk}}{\sqrt{s_j^2 s_k^2}}=\frac{\frac{n_{jk}-1}{n-1}s_{jk}^{p}}{\sqrt{\frac{n_j-1}{n-1}s_{j.obs}^{2}\frac{n_k-1}{n-1}s_{k.obs}^{2}}}=\frac{(n_{jk}-1)\,s_{jk}^{p}}{(n_j-1)(n_k-1)\sqrt{s_{j.obs}^{2}s_{k.obs}^{2}}}$$

$$=\frac{(n_{jk}-1)}{\sqrt{(n_j-1)(n_k-1)}}r_{jk}^{p} \qquad (5\text{–}13)$$

根据第 3 章所述，式 5–13 中的 r_{jk}^{p} 为 Y_j 和 Y_k 成对删除后相关系数的一种算法，仍然是总体相关系数的一个接近的估计。从式 5–13 中，我们知道由于

$$n_j,\ n_k \geqslant n_{jk} \qquad (5\text{–}14)$$

所以简单均值插补仍然低估了 Y_j 和 Y_k 的相关系数，只是低估的比例判断起来有点复杂，可以肯定的是缺失比重越小，两个变量重合观测的机会越大，低估的比例就越小。一种极端的情况是，两个变量完全同时观测，那么 $n_j=n_k=n_{jk}$，简单均值插补对相关系数没有任何低估。

应当指出，以上分析基于数据完全随机缺失（MCAR）的假设。若数据缺失是非完全随机的，简单均值插补会使均值的估计也产生偏差。

5.2.3　均值插补离散性的改进分析

简单均值插补，让所有的插补值集中在均值上，如上文所述，其对数据离散性的低估是惊人的，可以考虑为插补的均值加入一个随机误差，即为随机均值插补：

$$\dot{y}_{i}^{mis}=\bar{y}_{obs}+\varepsilon_i \qquad (5\text{–}15)$$

其中，ε_i 为来自一个正态总体的 $N(0,\ \sigma^2)$ 随机抽取，σ^2 为总体方差，可以用成列删除的样本方差来估计：

$$\sigma^2=s_{obs}^2 \tag{5-16}$$

ε_i 的具体抽取方法为：

$$\varepsilon_i=z_i \cdot \sqrt{s_{obs}^2} \tag{5-17}$$

其中，z_i 为来自标准正态分布 $N(0,\ 1)$ 的一次随机抽取。利用第 4 章农业经济调查家庭收入的模拟缺失数据分别进行简单均值插补和随机均值插补，图 5-1 展示了它们的插补情况。

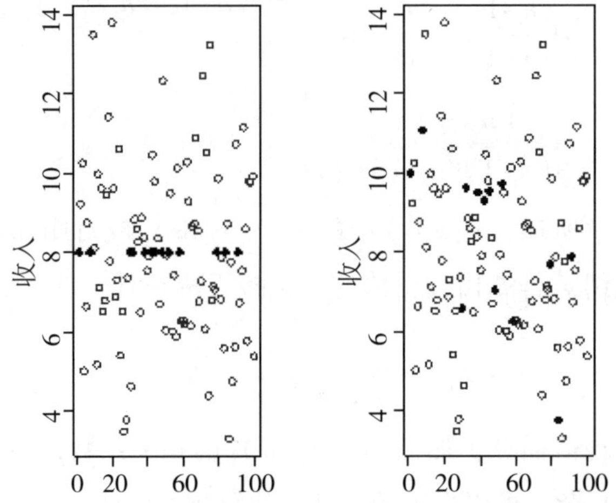

（a）简单均值插补　　（b）随机均值插补

图 5-1　无条件均值插补和加入随机偏差的均值插补

图 5-1 中，“○”表示观测值，“●”表示插补值，可以发现跟简单均值插补所有的插补值完全集中在同一水平相比，加入随机偏差的均值插补显然离散了很多，而且其插补值围绕着中间值上下波动，但它能否完全消除低估数据离散性的影响带有不确定性。当农业调查的数据缺失是完全随机（MCAR）的，其均值和方差的估计基本是无偏的，但如果缺失不是完全随机的，估计量的偏差无可避免。

简化符号，$(y_{obs},\ y_{mis})$ 用 $(y_1,\ y_0)$ 替代，根据式 5-15，含缺失值的向量经加入偏差的均值插补后，其均值为：

$$\bar{y}=\frac{\sum_{n-r} y_1+\sum_{r}(\bar{y}_1+\varepsilon)}{n} \qquad (5\text{–}18)$$

其期望，

$$E(\bar{y})=\frac{\sum_{n-r} E(y_1)+\sum_{r} E(\bar{y}_1+\varepsilon)}{n} \qquad (5\text{–}19)$$

式 5–19 中，

$$E(y_1)=\mu_1=y_1 \qquad (5\text{–}20)$$

即 $\bar{y}_1$ 是 $E(y_1)$ 的无偏估计，而显然 $E(\varepsilon)$ 为 0，所以式 5–18 为：

$$E(\bar{y})=\frac{(n-r)\,\bar{y}_1+r\bar{y}_1}{n}=\bar{y}_1 \qquad (5\text{–}21)$$

如果农业调查数据的缺失是完全随机（MCAR）的，那么：

$$\bar{y}_1=\bar{y}_0=\bar{y} \qquad (5\text{–}22)$$

这说明加入偏差后的随机均值插补的估计是无偏的，又能增加数据的离散性，因此在简单均值插补的基础上加入偏差有很好的估计效果。

5.2.4 随机缺失下均值插补估计偏差的修正

无论是简单均值插补还是在简单均值插补的基础上加入随机偏差的随机均值插补，当农业经济调查数据的缺失不是完全随机（MCAR）的时候，它们的估计都存在偏差，可以采用分层均值插补予以修正。分层均值插补跟无条件的简单均值插补对应，是一种条件均值插补，即需要借助辅助信息完成均值插补。其基本思想类似于第 4 章所述之加权调整，即利用具有完全观测的辅助变量为含缺失值的变量分层，在每一层中以该层的成列删除后个体的均值来代替该层的所有缺失值。

设含缺失值的农业经济调查某变量 y 依特定的辅助变量分为 S 层：

$$\{y_{ks}|s=1，2，\cdots，S;\ k=1，2，\cdots，n_s\}$$

其中，n_s 为 y_s 的总观测数，设完整观测数为 n_s^1，则每一层中缺失值的插补值为：

$$y_{ks}^{0}=\frac{\sum_{n_s^1} y_{sk}^1}{n_s^1}=\bar{y}_s^1 \tag{5-23}$$

其中，$\bar{y}_s^1$ 为第 s 层完整观测的均值。由此，样本总均值为：

$$\bar{\bar{y}}=\frac{\sum_{s}\left(\sum_{n_s^1} y_{sk}^1+\sum_{n_s-n_s^1} y_s^1\right)}{n}$$

$$=\frac{\sum_{s}\left(n_s^1\bar{y}_{sk}^1+(n_s-n_s^1)\,\bar{y}_s^1\right)}{n}=\frac{\sum_{s} n_s\bar{y}_s^1}{n} \tag{5-24}$$

这个结果跟式4–35非常接近，说明分层均值插补虽然是一种插补方法，但其结果与成列删除后均值的加权调整的结果是相近的。根据式5–20，即使农业经济调查的缺失是非完全随机（MCAR），比如农户更高的家庭收入产生的缺失值更多，其均值的估计也是无偏的，这点优于前述的无条件均值插补和加入随机偏差的均值插补。但是，分层均值插补的插补值仍集中在每一层的中心，对总体方差的低估仍是存在的。

5.2.5　简单均值插补对相关关系低估的模拟分析

对农业经济调查数据采取均值插补的效果，需要通过同其他插补方法比较才能知道，因此这个模拟放在5.3节和5.4节。本节先模拟分析均值插补，特别是简单均值插补对数据相关关系的影响。模拟的完整数据来自第4章对农业经济调查6个变量的2307次模拟观测，计算该完整数据的相关矩阵如表5–1所示。

表5–1　原始农业经济调查数据相关矩阵

变量	家庭年收入	柑橘销售额	柑橘产量	柑橘种植面积	化肥支出	农药支出
家庭年收入	1	0.54	0.58	0.51	0.69	0.7
柑橘销售额	0.54	1	0.82	0.75	0.62	0.61
柑橘产量	0.58	0.82	1	0.87	0.7	0.65
柑橘种植面积	0.51	0.75	0.87	1	0.8	0.76
化肥支出	0.69	0.62	0.7	0.8	1	0.86
农药支出	0.7	0.61	0.65	0.76	0.86	1

然后利用二项分布（以缺失比重作为贝努利试验的失败概率）将完整数据中的每个变量完全随机缺失（MCAR）10%，并且彼此独立。采用简

单均值插补，将缺失数据成对删除后的均值作为每个变量的缺失值插补值，再计算相关阵，如表 5–2 所示。

表 5–2 均值插补后数据的相关阵

变量	家庭年收入	柑橘销售额	柑橘产量	柑橘种植面积	化肥支出	农药支出
家庭年收入	1	0.42	0.48	0.42	0.54	0.55
柑橘销售额	0.42	1	0.66	0.61	0.5	0.47
柑橘产量	0.48	0.66	1	0.69	0.56	0.5
柑橘种植面积	0.42	0.61	0.69	1	0.64	0.6
化肥支出	0.54	0.5	0.56	0.64	1	0.68
农药支出	0.55	0.47	0.5	0.6	0.68	1

结果发现，跟表 5–1 的完整数据的相关阵（真实相关阵）比较，利用简单均值插补后的相关阵中每个相关系数均变小。这就意味着简单均值插补低估了各个变量之间的相关关系。各变量之间的相关系数低估程度如表 5–3 所示。

表 5–3 原始数据相关阵与均值插补后相关阵之差

变量	家庭年收入	柑橘销售额	柑橘产量	柑橘种植面积	化肥支出	农药支出
家庭年收入	0	0.12	0.1	0.09	0.15	0.15
柑橘销售额	0.12	0	0.16	0.14	0.12	0.14
柑橘产量	0.1	0.16	0	0.18	0.14	0.15
柑橘种植面积	0.09	0.14	0.18	0	0.16	0.16
化肥支出	0.15	0.12	0.14	0.16	0	0.18
农药支出	0.15	0.14	0.15	0.16	0.18	0

此外，简单均值插补对变量之间的协方差的低估（如果是正向相关的话）也是明显的。表 5–4 显示了均值插补后计算的协方差与真实协方差之差。从表 5–4 中可以发现简单均值插补不仅明显低估变量之间的方差，也明显低估变量之间的协方差。可见，从数据分析的角度，简单均值插补着实不是一个好的插补方法，确实不值得推荐。

表 5–4 原始数据协方差阵与均值插补后协方差阵之差

变量	家庭年收入	柑橘销售额	柑橘产量	柑橘种植面积	化肥支出	农药支出
家庭年收入	1.83	0.76	1.21	1.23	0.15	0.23
柑橘销售额	0.76	0.32	0.76	0.79	0.06	0.08
柑橘产量	1.21	0.76	0.8	1.53	0.1	0.15
柑橘种植面积	1.23	0.79	1.53	1.08	0.13	0.18
化肥支出	0.15	0.06	0.1	0.13	0.01	0.02
农药支出	0.23	0.08	0.15	0.18	0.02	0.02

5.3 回归插补及其插补效果的比较分析

5.3.1 关于回归插补的讨论

均值插补虽然简单、稳健，但缺点也显而易见。简单均值插补的插补值过于集中，极大地低估了总体差异；加入随机偏差后虽然能解决这个问题，但不能对非完全随机缺失（MCAR）的农业调查缺失数据做出无偏估计；分层均值插补虽然能在数据非完全随机缺失（MCAR）下做出无偏估计，但插补值仍过于集中。

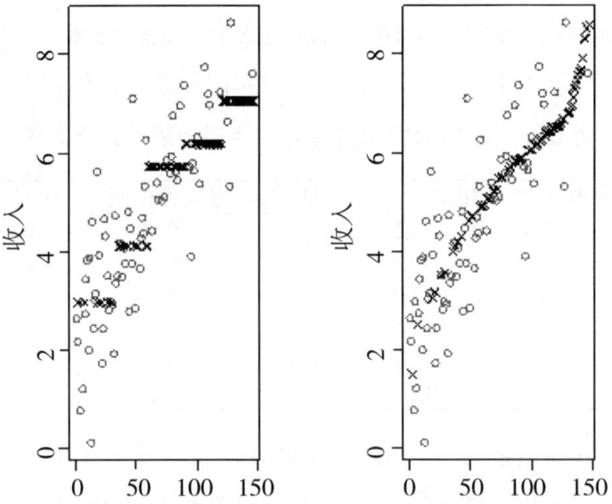

（a）分层均值插补　（b）回归插补

图 5-2　分层均值插补和回归插补

回归插补是一种更有效率的方法，特别是在农业经济调查数据非完全随机缺失（MCAR）的情况下。严格上来说，回归插补也是一种条件均值插补，跟分层均值插补类似，其思路仍然是借助辅助变量为目标缺失变量提供插补值。但跟分层均值插补不同的是，分层均值插补的插补值差异体现在不同的层间，在同一层中的插补值是一样的，而回归插补则相当于为每一个缺失值单独插入期望均值，所以各插补值之间存在差异，两者的区别可以参照图 5-2。

图 5-2 中，“○”表示观测值，“×”表示插补值，从图 5-2 中可以清楚地发现虽然都是基于辅助变量的条件插补，回归插补的离散型显然好于分层均值插补。尽管如此，但是将回归插补后的插补值跟未缺失值对比，仍然会发现插补值的分布还是过于集中，对回归插补进行离散性修正还是有必要的。

跟均值插补和热平台插补不同，回归插补带有一定的预测性，为缺失数据补充了部分信息。如果数据缺失是完全随机的（MCAR），回归插补不会改变数据观测部分的信息，但是如果不是完全随机的，譬如随机缺失（MAR），回归插补后的均值往往跟观测数据的均值不同。

回归插补还有的一个重要优点是，当我们利用插补后的“完整”数据进行相关回归的时候，由于回归插补插入的是预测值，因此由其插补后数据计算的相关回归估计相较于均值插补会有明显的优势。

此外，回归插补还是第 6 章多重插补的基础，多重插补是单一插补的延续，作为多重插补的基础单一插补方法，回归插补由于良好的适用性被更多地采用。

当然，回归插补也是有缺陷的。首先，回归插补基于一个很强的预测性后验条件分布模型，这个后验条件分布模型的可靠性非常关键，如果该分布与总体分布相符，回归插补的效果当然很好，否则效果成疑。其次，均值插补的插补值产生在观测数据的中心区域，因此其插补值是稳健的，我们不用担心出现异常值和不合理值；但回归插补的插补值是对缺失值大胆的预测，其值很容易超过合理范围。虽然在参数估计时，可以通过平均化消除这种异常值影响，但当插补值实在是超常时，农业调查数据分析人员必须予以注意，适当修正回归插补的插补值是必要的。

5.3.2 简单回归插补及对总体方差的低估分析

简单的回归插补是根据农业经济调查数据中目标缺失变量基于辅助变量的条件分布，借助辅助变量的观测值对相应目标缺失变量的缺失值进行点估计的一种插补方法。

简单回归插补要求数据的缺失模式是单一缺失。假设辅助变量（是向量或者矩阵）是完整的，来自一多元正态总体，目标变量 $y=(y_1, y_0)$ 有缺失，来自一元正态总体，对应于 y 是否缺失，X 也分成两部分（X_1，X_0）。假设 y 和 x 是线性关系，即 y 和 X 之间满足正态线性模型：

$$y=\alpha+\beta \cdot X^T+\varepsilon \tag{5-25}$$

ε 为均值为 0 的白噪声，是随机干扰项。借助观测部分，我们可以得到 y 与 X 的（后验）回归关系：

$$\hat{y}_1=\hat{\alpha}_1+\hat{\beta}_1 \cdot X^T \tag{5-26}$$

其中，$\hat{\alpha}_1$，$\hat{\beta}_1$ 为 y_1 与 X_1 回归关系的最小平方估计，

$$\hat{\beta}_1=(X_1^T X_1)^{-1}(X_1^T y_1) \tag{5-27}$$

$$\hat{\alpha}_1 \mid \hat{\beta}_1=\bar{y}_1-\hat{\beta}_1 X^T{}_1 \tag{5-28}$$

如果农业经济调查的缺失是随机的（MAR），$\hat{\alpha}_1$，$\hat{\beta}_1$ 是总体参数 α，β 的相合估计，即：

$$\hat{\alpha}=\hat{\alpha}_1, \quad \hat{\beta}=\hat{\beta}_1 \tag{5-29}$$

那么借助式 5-26 将 $\hat{\alpha}_1$，$\hat{\beta}_1$ 作为 y 与 X 的（后验）回归参数，我们可以给每一个缺失值插入一个回归点估计值，即：

$$y_0=\hat{\alpha}_1+\hat{\beta}_1 \cdot X_0^T \tag{5-30}$$

下面来分析简单回归插补后的参数估计，为简化问题，设农业经济调查数据的辅助变量只有一个 X，Y 和 X 的条件分布为：

$$Y \sim N(\alpha+\beta X, \sigma_\varepsilon^2) \tag{5-31}$$

其中，σ_ε^2 为残差均方误差。由于是单调缺失，样本（y，x）依是否缺失排序，假设 y 的缺失个数为 r，即 y_1 来自其前 $n-r$ 个观测，y_0 来自其后 r 个观测，相应地，x 被分为（x_1，x_0）。设（y_1，y_0）来自相应的无缺失总体和缺失总体，即总体被分为两部分（Y_1，Y_0），相应也被分为（X_1，X_0）。如果农业经济调查数据是随机缺失（MAR）的，则：

$$E(Y_1)=\alpha+\beta X_1 \tag{5-32}$$

$$E(Y_0)=\alpha+\beta X_0 \tag{5-33}$$

按式 5–29 和式 5–30，采取回归插补后，样本均值为：

$$\bar{y}=\frac{\sum_{n-r} y_1+\sum_{r}(\hat{\alpha}+\hat{\beta}\cdot x_0)}{n} \tag{5-34}$$

其期望为：

$$E(\bar{y})=E\left[\frac{\sum_{n-r} y_1+\sum_{r}(\hat{\alpha}+\hat{\beta}\cdot x_0)}{n}\right]$$

$$=\frac{1}{n}\left[\sum_{n-r} E(y_1)+\sum_{r} E(\hat{\alpha}+\hat{\beta}\cdot x_0)\right] \tag{5-35}$$

根据式 5–33，容易推出式 5–35 为：

$$E(\bar{y})=\frac{1}{n}\left[(n-r)E(y_1)+rE(y_0)\right]$$

$$=\frac{1}{n}\left[(n-r)E(Y)+rE(Y)\right] \tag{5-36}$$

这说明跟均值插补不一样，简单回归插补在随机缺失（MAR）的假设下能获得无偏估计。但其插补值仍然比较集中，仍会低估总体方差。

$$Var(y)=[1-\frac{r}{n}(1-r^2_{xy})] \tag{5-37}$$

式 5–37 中，r_{xy} 是（y，x）的相关系数，s_y^2 是 y 的方差，是总体方差的相合估计。式 5–37 的证明见附录，由式 5–37 可知简单回归插补后仍然低估总体方差，其低估的比例取决于缺失比重和相关系数的大小，越大的缺失比重和越小的相关系数都会导致对总体方差越大的低估。

5.3.3　回归插补的改进分析

效仿加入随机偏差的均值插补，也可为简单回归插补加入一个随机偏差项，以消除其对总体方差的低估，这就是随机回归插补。简单回归插补和随机回归插补的区别可以参照图 5–3。虽然从图 5–3 中发现两者似乎差别不大，那是因为简单回归插补也有一定的离散型，但仔细观察还是会发现随机回归插补的插补值有更大的离散性，这是对简单回归插补低估总体方差的一种修正。

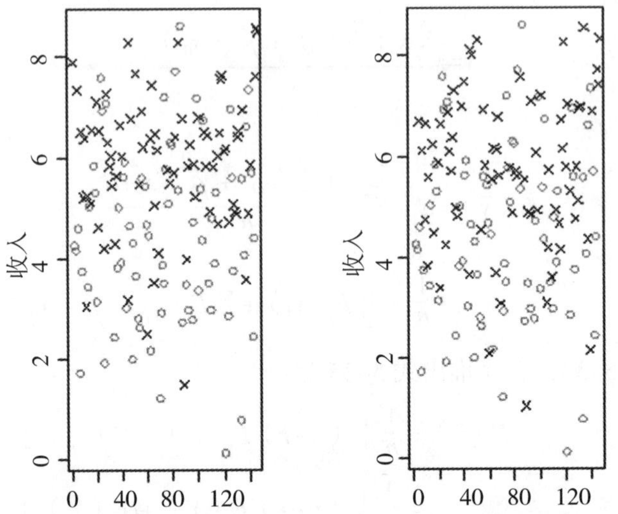

（a）简单回归插补　　（b）随机回归插补

图 5–3　简单回归插补和随机回归插补

其模型为在式 5–30 的基础上加入残差项：

$$\dot{y}_0 = \hat{\alpha}_1 + \hat{\beta}_1 \cdot X^T{}_0 + \varepsilon_{y.X} \qquad (5\text{–}38)$$

其中，$\varepsilon_{y.X}$ 为 y 关于 X 的条件分布的残差项，仍然是白噪声，均值为 0，方差为残差方差 $\sigma^2_{y.X}$。$\sigma^2_{y.X}$ 当然是未知的，可用样本成对删除后的残差方差来估计：

$$\hat{\sigma}^2_{y.X} = s^2_{y1x1} = \frac{1}{n_1 - q - 1} \cdot \sum_{n_1} (y_1 - \hat{\alpha}_1 - \hat{\beta}_1 X_1^T)^2 \qquad (5\text{–}39)$$

式 5–39 中 q 为辅助变量的个数，而加入的残差偏差的抽取值为：

$$\varepsilon_{y.X} = z_0 \cdot \sqrt{s^2_{y1.X1}} \qquad (5\text{–}40)$$

其中，z_0 为来自标准正态分布的随机抽取。如此，式 5–38 可改为：

$$\dot{y}_0 = \hat{\alpha}_1 + \hat{\beta}_1 \cdot X^T{}_0 + z_0 \cdot \sqrt{s^2_{y1.X1}} \qquad (5\text{–}41)$$

由于插补值加入了随机残差项，就能有效抵消简单回归插补对总体方差的低估，证明过程见附录。

5.3.4 回归插补效果的模拟比较分析

下面利用模拟农业经济调查缺失数据对回归插补的效果进行分析。模拟数据来源于4.3节中对农业经济调查两个变量——农户家庭收入和柑橘产量的模拟。完整样本来自均值向量为（5，8），协方差矩阵为$\begin{pmatrix} 4 & 4.8 \\ 4.8 & 9 \end{pmatrix}$的二元正态分布，样本容量为147。柑橘产量完整，家庭收入数据随机缺失（MAR），缺失比重为50%。

现将缺失数据分别按照简单均值插补、随机均值插补、简单回归插补、随机回归插补四种方法对缺失值进行单一插补，插补结果显示在图5–4中。

图5–4中，“○”表示观测值，“×”表示插补值，可以从图5–4中直观地对四种插补方法进行对比。首先，发现均值插补无论是简单均值插补还是随机均值插补，其插补值在农户家庭收入的中间区域产生，而简单回归插补和随机回归插补的插补值更多地分布在农户家庭收入较高的区域，由于数据缺失不是完全随机（MCAR）的，家庭收入越高的农户缺失值越多，回归插补充分考虑到这种情况，所以其插补值的分布显然更合理。其次，从插补值的离散型上来说，简单均值插补的插补值完全集中，离散程度等于0，随机均值插补离散型较高，但似乎没有回归插补的离散性高，而随机回归插补的离散性是最高的，明显超过其他插补方法。最后，我们看一下有没有不合理的插补值，均值插补不用担心这个问题，简单回归插补的插补值没有超过观测值的范围，随机回归插补似乎有插补值超过观测值，但不明显，所以无需修正。

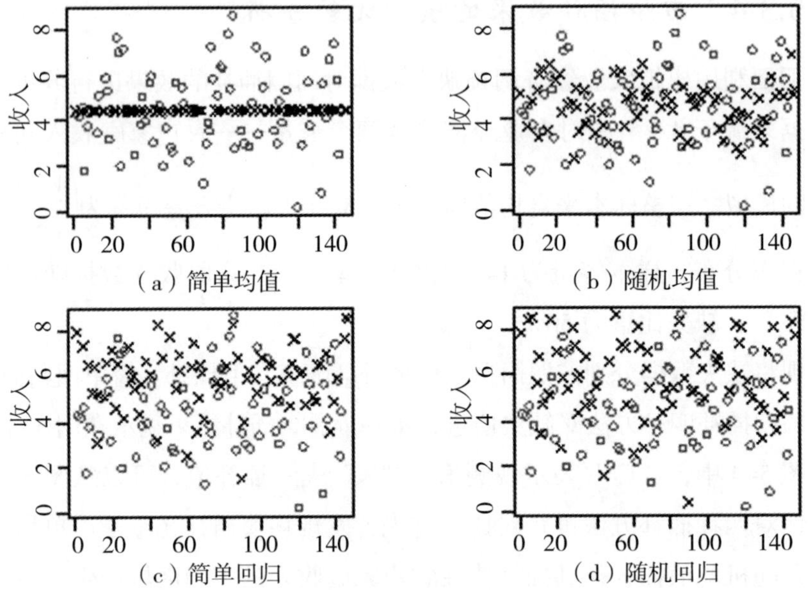

图 5-4　四种单一插补方法的插补值

下面对四种方法插补后的“完整”农业经济调查模拟数据进行传统的数据分析，作为比较加入原始完整数据和成列（对）删除后的数据，先对比对单变量农户家庭收入的估计，估计结果展示在表 5-5 中。

表 5-5　四种单一插补方法对单变量的估计对比

	均值	方差	95% 置信上限	95% 置信下限	区间宽度
完整数据	5.152038	3.573895	4.843879	5.460198	0.616319
成列删除	4.460947	3.161997	4.043090	4.878804	0.835714
简单均值插补	4.460947	1.537684	4.258814	4.663080	0.404266
随机均值插补	4.514131	2.048388	4.280833	4.747429	0.466596
简单回归插补	5.190812	3.017991	4.907632	5.473992	0.56636
随机回归插补	5.235794	3.960067	4.911413	5.560175	0.648762

从表 5-5 中发现，跟完整数据的均值（真实值）相比，由于模拟的农业经济调查缺失数据是随机缺失（MAR）的，所以成列删除和均值插补后的均值估计明显偏小，而回归插补均值估计与真实值非常接近。从方差上看，也是回归插补的方差估计接近真实值，此外成列删除的方差估计也很好，简单均值插补严重低估方差。由于均值有偏，所以成列删除和均值插

补的区间估计也是有偏的，而且由于方差的低估使均值插补的区间宽度变窄失真，而回归插补无论是从区间估计的位置还是宽度上都跟完整数据的估计很接近。所以，在随机缺失（MAR）假设下，回归插补的单变量估计效果良好，不过在单变量估计中并没有看出随机回归插补跟简单随机插补对比有明显优势，这是模拟农业经济调查数据中两变量相关程度过高造成的。

现在再对同样的数据进行回归估计。以农户家庭收入为因变量，建立其关于柑橘产量的回归模型，根据事先设定的均值向量和协方差矩阵，容易计算总体的回归系数为：

$$\alpha=0.7333,\ \beta=0.5333$$

而四种插补方法连同完整数据和成列删除后数据的回归估计结果展示在表 5-6 中。

表 5-6　四种单一插补方法对回归估计对比

	估计	标准误差	t 值	Pr(>|t|)	显著性
完整数据	0.52567	0.03147	16.706	0.00000	***
成列删除	0.54100	0.04668	11.589	0.00000	***
简单均值插补	0.21953	0.03023	7.263	0.00000	***
随机均值插补	0.22536	0.03619	6.228	0.00000	***
简单回归插补	0.54100	0.02066	26.185	0.00000	***
随机回归插补	0.58475	0.02916	20.051	0.00000	***

注：“.”表示在 0.1 的显著程度，“*”表示在 0.05 的显著程度，“**”表示在 0.01 的显著程度，“***”表示在 0.001 的显著程度。

从表 5-6 的对比来看，较之均值插补，回归插补的效果会更明显。因为回归插补基于预测性的条件分布模型，所以其回归模型的参数估计与真实值非常接近，但是由于插补值太靠近回归模型，所以参数检验的 t 统计量比真值偏大，这点在简单回归插补上更明显。而均值插补显然低估了回归系数，而且由于对方差的低估，其检验统计量的 t 值明显小于真实 t 值。但令人意外的是，成列删除的回归估计却有良好的效果，无论是估计量还是估计量的检验 t 值都跟真实值非常接近。此外，由于模拟农业调查数据两个变量的相关程度较高，所以在回归估计中仍没有明显看出随机回归插补较之简单回归插补的优势。

综上分析，虽然回归插补有缺陷，但从数据分析的角度，再既定的假设下，回归插补是一种更有效率的插补方法。

5.4 基于模糊后验分布的热平台插补及比较分析

5.4.1 关于热平台插补的讨论

均值插补和回归插补基于一个清晰的后验分布模型，为农业经济调查数据的缺失值插入符合模型假设的合理值，但是从本质上来说均值插补和回归插补都是一种模拟方法。也就是说根据均值插补和回归插补，缺失值的插补值是虚拟的，并非真实存在，给农业经济调查研究人员一种不放心的感觉。这点特别体现在回归插补上，均值插补在观测数据的中心区域取值，至少保证插补值不会超过观测值范围（随机均值插补值可能超过观测范围，但机会很小），而由回归插补提供的插补值是很容易超过真实存在的观测值范围的，这让农业经济调查研究人员对其合理性存疑。

一个可替代的方法是，不需要从农业经济调查数据的后验分布中获取虚拟插补值，而是从真实存在的未缺失数据中，利用一定的规则和算法产生插补值，而这些算法不需要清晰的模型，这就是热平台（hot deck）插补方法。“热平台”一词来自计算机领域，是指将没反应的计算机卡片与可用卡片进行匹配的平台。这里形象地表示从观测值中直接产生缺失值的插补值。

热平台插补的优点是克服了虚拟插补的不真实感，给农业经济调查研究人员以可靠的感觉，因此也克服了回归插补会产生异常值的难题。由于不需要清晰的模型，插补方法相应也比较好理解。

热平台插补的缺点也很明显。首先，插补值来自观测值，这样插补后的“完整”数据中就会有大量的值重复，而且缺失比重越大重复率越高。其次，由于没有清晰的模型，所以缺乏强有力的理论支持，这就造成插补后“完整”数据的分析结果正确性成疑。还有无清晰模型的插补，虽然从手工上看起来很好理解，但对计算机运算的程序编写上难度其实是大于固定模型插补的，而当面对庞大的农业经济调查缺失数据时，用手工来插补是难以想象的。

5.4.2　简单随机插补的稳健性分析

简单随机插补是指根据观测数据（Y_{obs}）随机产生一个值作为农业经济调查缺失数据的插补值。从观测数据中产生插补值的一个最大优点是简单易操作，而且插补是基于一个概率模型的，所以能获得更多理论支持。由于插补值来自观测的数据，所以插补值会在合理范围内而且不会破坏数据的分布，这点显著区别于均值插补。

显然，简单随机插补的插补值均值与观测值的均值相等，因此插补后"完整"数据的均值在完全随机假设下是无偏的。假设抽取是完全随机而且是有放回的，那么农业经济调查数据中每个已观测值被抽中的概率是均等的：

$$\Pr(y_0=y_1)=\frac{1}{n_1} \tag{5-42}$$

于是，插补值的期望为：

$$E(y_0)=\sum_{n_1}\Pr(y_0=y_1)\,y_1=\sum_{n_1}\frac{1}{n_1}y_1=\frac{1}{n_1}\sum_{n_1}y_1=\bar{y}_1 \tag{5-43}$$

由此，简单随机插补后的"完整"数据均值为：

$$\bar{y}=\frac{n_1\bar{y}_1+n_0E(y_0)}{n}=\frac{n_1\bar{y}_1+n_0\bar{y}_1}{n}=\frac{n_1+n_0}{n}\bar{y}_1=\bar{y}_1 \tag{5-44}$$

从观测数据中随机插补大量重复了观测值，这点在放回抽样下更为明显，可以改为不放回抽样，让插补值之间不重复。如果观测值本身取值集中，那么也要通过限制每一单一观测值被使用的次数，尽可能使插补值差异化。

5.4.3　随机缺失下随机插补的改进

分层随机插补有点类似于调查中的分层抽样的思想，即将含缺失值变量按照辅助变量分层，以每层中的观测值的随机抽取作为缺失值的插补值。分层随机插补可以尽可能避免简单随机插补存在的插补值问题，而且在农业经济调查数据是随机缺失（MAR）的情况下，其插补后的"完整"数据能获得均值的无偏估计，这点也优于简单随机插补。

设含缺失值的农业经济调查某变量依特定的辅助变量分为 s 层：

$$\{y_{sk}|s=1，2，\cdots，s；k=1，2，\cdots，n_s\}$$

其中，n_s 为 y_s 的总观测数，设完整观测数为 n_s^1，则每一层中缺失值的插补值为该层观测值，假设抽取是放回的，则：

$$\Pr(\dot{y}_{sk}^0=y_{sk}^1)=\frac{1}{n_s^1} \tag{5-45}$$

所以，s 层中插补值的均值为：

$$E(\dot{y}_{sk}^0)=\sum_{n_s-n_s^1}\Pr(\dot{y}_{sk}^0=y_{sk}^1)\,y_{sk}^1=\sum_{n_s-n_s^1}\frac{1}{n_s^1}\,y_{sk}^1=\bar{y}_s^1 \tag{5-46}$$

因此，在 s 层中观测值和插补值的均值是一样的，设其中 $\bar{y}_s^1$ 为第 s 层完整观测的均值。由此，样本总均值为：

$$\bar{y}=\frac{\sum_s(n_s^1\bar{y}_s^1+(n_s-n_s^1)\,\bar{y}_s^1)}{n} \tag{5-47}$$

式 5–47 与式 5–22 类似，说明分层随机抽取的均值估计方法和加权调整以及分层均值插补的方法是类似的。

不过，在实际农业经济调查数据插补中，不一定以数量型的变量作为辅助变量，比如当农户家庭收入的数据有缺失时，可以所属农村作为分类辅助变量，在每个村的缺失值以随机抽取的该村观测值作为插补值。还有，辅助变量不止一个，这样可以交叉分类，然后让缺失值在更小的交叉分类中由观测值随机产生，这点在大型调查中优势更为明显。比如在插补农户家庭收入时加入一个辅助变量——被调查者的年龄，这样在不同村的不同年龄层中完成分层随机插补，会有更好的效果。

5.4.4　最近距离插补及其模型方法

最近距离插补的思想跟随机抽取插补的思想不一样，其插补值不是来自已观测值的随机抽取，而是将根据辅助信息判断的与缺失值最接近的观测值作为缺失值的插补。所以，最近距离插补是一种基于固定算法的确定性的插补方法。

设含缺失值的农业经济调查变量为 y，其第 i 个单元值 y_i 缺失，其对应的 q 个辅助变量 X_{ik}（k=1，2，…，q）未缺失，那么我们找到与 X_{ik} 最近距离的 X_{jk}，如果 X_{jk} 对应的目标变量 y 的第 j 个单元值 y_j 未缺失，则将其作为 y_i 的插补：

$$\dot{y}_i=y_j \tag{5-48}$$

如果 X_{ik} 是一维向量，即 q=1，计算 X_{ik} 和 X_{jk} 的距离是简单的：

$$d(X_{ik},X_{jk})=|X_{jk}-X_{ik}| \tag{5-49}$$

如果是矩阵，需要用马氏距离去计算 X_{ik} 和 X_{jk} 的距离：

$$d(X_{ik},X_{jk})=(X_{ik},X_{jk})^T S^{-1}_{xx}(X_{ik},X_{jk}) \tag{5-50}$$

5.4.5　热平台插补效果的模拟比较分析

下面利用模拟农业经济调查缺失数据以热平台插补，然后对比插补效果。模拟含缺失值的变量为农户家庭收入，完整数据为来自一元正态总体的 147 次随机抽取，然后利用二项分布以 50% 的贝努利试验成功概率挖空完整数据，所以缺失比例为 50%，而且该数据的缺失机制为完全随机缺失（MCAR）。我们选用简单随机插补，与之比较随机简单均值插补和随机均值插补，插补情况见图 5-5。

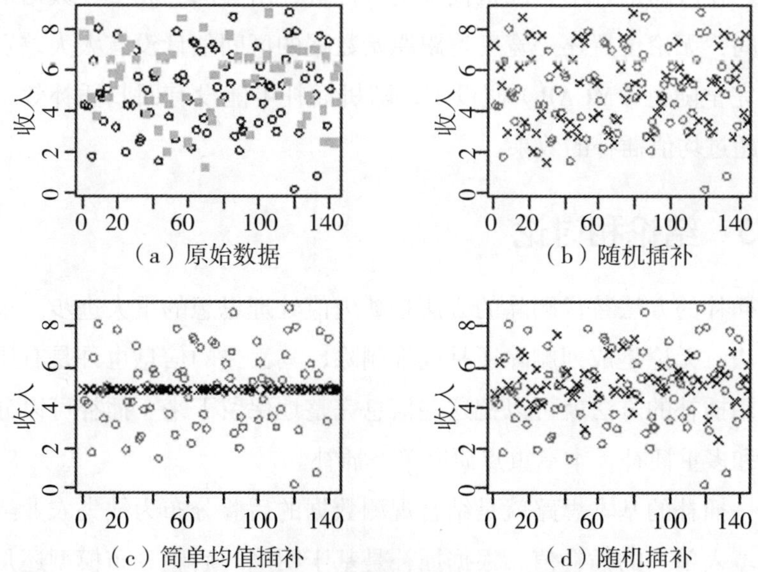

图 5-5　热平台插补与其他单一插补对比

图 5–5 中，“○”表示观测值，“×”表示插补值，图 5–5（a）是原始数据，其中实心点表示挖空之前的数据，为缺失值的真实值。作为对比，我们发现随机插补的插补值好像跟真实缺失值比较接近，只是离散程度略大，说明基于热平台的随机插补有较好的插补效果。对比简单均值插补和随机均值插补更明显，纵使是随机均值插补，其插补值的离散型好像也没有完全达到真实缺失值的离散水平。进一步对插补后“完整”数据的估计分析对比参见表 5–7，作为比较加入原始完整数据和成列删除的估计。

表 5–7　热平台插补与其他单一插补估计情况对比

	均值	方差	95% 置信上限	95% 置信下限	区间宽度
完整数据	5.152038	3.573895	4.843879	5.460198	0.616319
成列删除	4.855497	3.722473	4.426137	5.284858	0.858721
随机插补	4.897931	3.669797	4.585665	5.210198	0.624533
简单均值插补	4.855497	2.014215	4.624154	5.086841	0.462687
随机均值插补	4.980524	2.463611	4.724671	5.236377	0.511706

从表 5–7 中可以发现，在完全随机（MCAR）假设下，四种缺失值处理方法得到的均值估计都是无偏的，效果最好的是随机均值插补。但均值插补低估了总体方差，而随机插补和成列删除所计算的方差跟真实方差非常接近。在区间估计上，随机插补更有优势，由其的“完整”数据构建的置信区间，无论位置还是宽度均跟原始数据的区间估计没有太大差别。这说明在完全随机（MCAR）假设下，随机插补可能没有回归插补效果好，但显著超过均值插补的效果。

5.5　结论和讨论

用插补的方法替代删除的方法是缺失值处理思想的重大进步。采取删除的方法，无论是成列删除还是成堆删除，其丢失的信息也许是有用的，如果改用插补的方法就可以把这些信息完整地保留下来。插补可以分为单一插补和多重插补，本章重点研究单一插补。

单一插补的基本思路就是结合观测数据的后验分布为缺失农业经济调查数据填入单一的插补值。根据插补是基于明确的后验分布模型还是模糊的后验分布模型，单一插补又可以分成两类，基于明确分布的插补方法有均值插补和回归插补，基于模糊分布的方法是热平台方法。

简单的均值插补的基本思想是将数据的观测部分的均值作为缺失部分的插补值，是插补中最先能被想到的方法，不需要辅助信息。但是，简单均值插补会让插补值明显集中于数据的中心位置，然后让数据的离散程度显著降低。更进一步，从模拟分析中可以发现，简单均值插补对相关关系的低估也是显著的。

随机平均插补就是在简单平均插补的基础上加入随机项，该随机项来自观测数据离差的随机抽取，经过这样的处理就可以消除方差低估的影响。这种插补的估计量在完全随机缺失（MCAR）的假设下是无偏的，但在随机缺失（MAR）的假设下就是有偏的。分层均值插补就是借助辅助信息将缺失变量分层，然后在各层中利用观测值的均值填补该层的缺失值的条件均值插补，这样让数据在随机缺失的机制下能获得无偏估计。

但分层均值插补的插补值仍然是过于集中的，回归插补可以修正。回归插补是基于观测数据产生的后验分布，用观测数据回归于缺失数据产生缺失值的插补。简单的回归插补直接用数据的观测部分产生回归方程的参数，然后利用辅助变量的观测部分产生回归值用于插补缺失值。简单随机插补还是会一定程度上低估总体差异，所以也可以在简单回归插补的基层上加入随机残差项，随机残差项来自观测部分数据计算的回归模型残差的随机抽取，这就是随机回归插补。随机回归插补就弥补了简单回归插补的方差低估，在模拟研究中发现其效果明显。

还有一种单一插补方法是从观测数据中产生对缺失值插补的热平台，它不是基于明确的后验分布模型的一种插补方法。简单随机插补就是直接从观测值中简单随机抽样产生缺失值的插补，是一种非常简单的插补方法。分层随机插补类似于分层均值插补，是先将目标缺失变量按照辅助变量分层，然后在各层的观测值中随机产生缺失值的插补值。最近距离法是基于一种算法，根据辅助变量找到缺失值的最近距离观测值用以插补。模拟研究显示随机插补的效果可能不如回归插补，但好于均值插补。

单一插补应该是比删除更好的一种缺失值处理方法，特别是缺失比例较高的时候。不过需要指出的是删除虽然丢失了数据部分信息，但是没有加入信息；插补虽然充分利用了调查信息，但是也加入了额外信息。评价插补方法好坏的一个重要标准就是，加入的信息与删除的信息相比，哪种信息给数据带来的误差更大，如果前者更大，还不如用删除的方法。

那么单一插补在估计检验中会低估估计量的差异从而导致更窄的置信区间和更显著的检验统计量，这一点需要用多重插补方法加以修正。

6 农业经济调查数据缺失值处理的多重插补及比较应用分析

将含有缺失值的农业经济调查数据利用第5章的单一插补方法可以获得一个“完整”的数据用于进一步分析，在完全随机缺失（MCAR）甚至是随机缺失（MAR）的情况下，利用单一插补可以获得近似无偏和一致的估计。但是没有考虑估计量的差异性问题，也就是估计量的方差，在大部分情况下采取单一插补所获得的估计量的方差都会明显偏小，造成的后果就是在利用估计量推断时无法获得正确的估计和判断。估计量较小的方差往往引致较窄的置信区间，从而使区间覆盖率无法达到事先设定的值；或者引致更显著的检验值从而使原假设更容易被拒绝。在本章中引入多重插补能较为有效地解决这个问题，多重插补提供了这么一个解决思路：以同一个缺失值产生的不同插补值之间的差异来弥补单一插补低估估计量方差的不足。事实上从研究目的上来讲，做一个农业经济调查不是为了获取数据本身，而是利用数据计算估计量对总体参数进行推断。而获得农业经济调查数据中变量的参数估计就可以进行统计分析，比如当获得变量的一个均值向量和协方差阵以后就可以进行回归分析、因子分析、判别分析等。

6.1 多重插补的基本思想和基本模型

6.1.1 多重插补的基本思想

多重插补的基本思想是，它不关心数据本身，只关心最终的估计和推断。多重插补对同一个缺失值不产生单一的插补值，而是产生多个插补值，这样就形成多个“完整”的数据，然后利用每一个“完整”数据计算相应的估计量，最后再把这多个估计量汇合（pool）成一个估计量。图 6–1 展示了多重插补的基本思想。

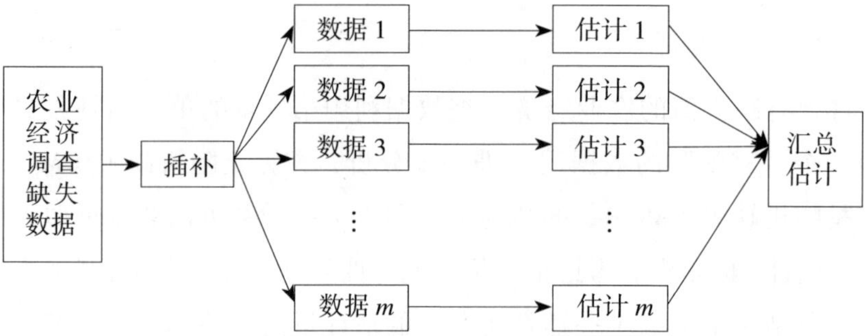

图 6–1 农业经济调查缺失数据多重插补的思想

结合图 6–1，对农业经济调查缺失数据的多重插补主要包含了三个步骤：第一步，采用特定的方法对含缺失值的农业经济调查数据进行 m 次插补，形成 m 个“完整”数据；第二步，用 m 个“完整”数据计算感兴趣的估计量，如此可获得 m 个估计；第三步，再将 m 个估计汇总成一个估计，进一步完成统计分析。

6.1.2 多重插补的基本模型

多重插补所用到的插补模型基本延续了单一插补的思路，图 6–2 对比了单一插补和多重插补的思路。

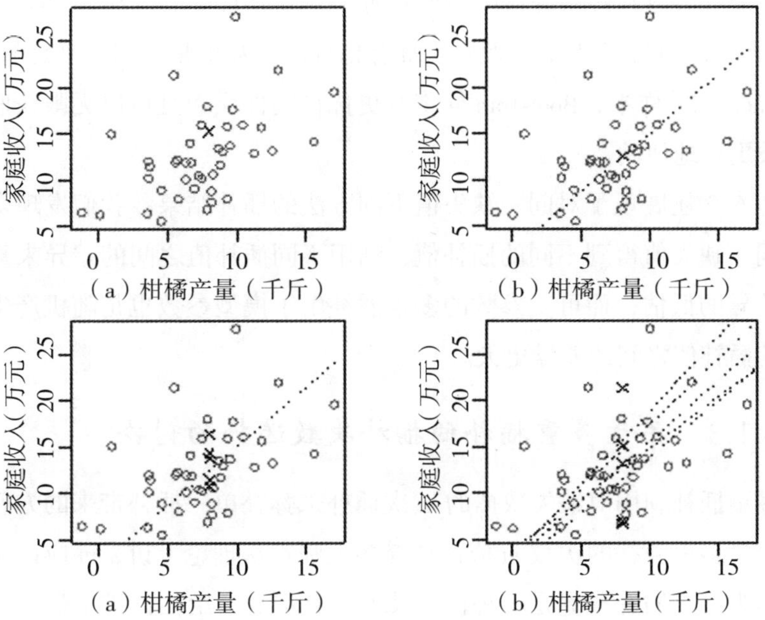

图 6–2　多重插补和单一插补方法的比较

一个简单的单一插补是随机插补［图 6–2（a）］：插补值来自未缺失数据的一个随机抽取。图 6–2（b）是简单的单一回归插补，即利用数据的未缺失部分估计线形模型的参数，然后借助该模型对缺失值进行点估计。但从图 6–2 可知单一插补无论是随机插补还是回归插补，均低估了变量的方差，容易产生一个过窄的置信区间或者太显著的检验统计量（容易拒绝零假设）。多重插补利用同一缺失值更多的插补值之间的差异来弥补方差的低估，普通的多重插补为单一插补的基础上加上一个随机干扰项［图 6–2（c）］，但这种插补仍然低估了总体方差，因为缺失值的存在使线形模型的参数也不是确定的。因此，使用随机的线形模型参数进行多重插补是更好的选择［图 6–2（d）］，目前参数的随机抽取有两种主要的方法：贝叶斯法和重抽样法。贝叶斯方法是指模型的参数以及残差的产生来自它们相应后验分布的随机抽取。较之贝叶斯法，重抽样法由于操作更简单，在现代统计中被更广泛地应用。主流的重抽样法有 Jackknife 法和 Bootstrap 法，即从完全观测的数据中获得 Jackknife 和 Bootstrap 样本，然后利用该样本对线性模型的参数和残差进行最小平方估计。由于 Jackknife 和 Bootstrap 样本不唯一而且彼此有差异，因此每次插补估计的参数也是不同而且是随机的。较之 Jackknife 样本，Bootstrap 样本有更优良的性质而且可以无限获取，在目前被更多地使用。

图 6-2 还展现了对同一缺失值不同方法的插补结果，我们发现多重插补对同一缺失值得到不同的插补值，利用不同插补值之间的差异来弥补对总体差异的低估；而可变参数的多重插补由于模型参数也是随机产生的，因此其插补值之间的差异更大。

6.1.3 关于多重插补的插补次数选择的讨论

多重插补利用对缺失数据的 m 次插补来弥补单一插补带来的方差的低估，但是多重插补的次数 m 应该选择多大呢？从理论上讲，m 应该越大越好，因为多重插补毕竟是一种模拟技术，其本身会给估计带来误差，但当时模拟误差就不存在了。

但过大的插补次数 m 会引致两个问题：其一，庞大的计算量，多重插补相当于将单一插补重复 m 次，其计算量是惊人的，纵使计算机拥有强大的计算能力靠其来完成也需要很长的等待时间；其二，使估计和检验更麻烦，很多研究发现，过高的插补次数会使估计量的标准误差不精确（Schafer，1997；Schafer and Olsen，1998）。

所以，在实践中往往取一个较小的 m，一般让 m 取 5 ~ 10 即可，事实上，过多的插补次数对估计方差的修正是非常有限的。

6.2 多重插补的参数估计和检验

含有缺失值的农业经济调查数据经过多重插补，意味着面对着 m 个“完整”数据。根据这 m 个“完整”数据进行参数估计和检验与面对一个真正完整数据的参数估计和检验在理论和方法上都有很大的差异，这些差异全面表现在点估计、估计量的分布以及区间估计上。

6.2.1 多重插补的点估计

假设在一次农业经济调查中我们感兴趣的总体参数为 θ，θ 可以是单一的标量或者向量，取决于感兴趣参数的个数，比如想知道农户的平均家庭收入 $\theta=\mu$。在完整数据下，θ 的估计是简单的，比如农户的家庭收入数据如果没有缺失，

$$\hat{\mu}=\sum_{j=1}^{r} y_i/n \tag{6-1}$$

是一个无偏、一致有效的估计；如果农户家庭收入有缺失，则 $y=(y_{obs}, y_{mis})$，我们只获得了 y_{obs}，如果缺失是完全随机（MCAR）的，利用

$$\hat{\mu}=\sum_{j=1}^{r} y_{j.obs} \tag{6-2}$$

作为 μ 是无偏的，否则，如果缺失不是完全随机的，我们很难从 y_{obs} 中获得有效的估计量。

多重插补的一个简单思路是多次使用单一插补，就是多次利用 y_{mis} 基于 y_{obs} 的后验分布 $f_p(y_{mis}|y_{obs})$，从 y_{obs} 中产生插补值替代 y_{mis}，那么：

$$f_p(\theta|y_{obs})=\int f_p(\theta|y_{obs}y_{mis})f_p(y_{mis}|y_{obs})dy_{mis} \tag{6-3}$$

于是，参数的均值为：

$$\overline{\theta}=E(\theta|y_{obs})=E[E(\theta|y_{obs}, y_{mis})|y_{obs}] \tag{6-4}$$

其中 $E(\theta|y_{obs}, y_{mis})$ 为多重插补的参数估计，用 $\hat{\theta}_j$（$j=1, 2, \cdots, \infty$）表示，$\overline{\theta}$ 也就是所有估计值 $\hat{\theta}_j$ 的均值。当然，式 6–3 是理论公式，意味着多重插补的次数为无数次，这既无可能实现，亦无必要，实际上数量不大的插补次数也能产生近乎式 6–3 结果的估计（Schafer，1997），在大部分场合下，过多的插补给估计量带来的改善是有限的（Schafer and Olsen，1998）。因此，我们可以用一个有限插补次数的公式代替式 6–3：

$$\overline{\theta}=\frac{1}{m}\sum_{j=1}^{m}\hat{\theta}^j \tag{6-5}$$

其中，m 为有限次的插补次数。

相应地，根据式 6–3，θ 的后验方差为：

$$V=V(\theta|y_{obs})=E[V(\theta|y_{obs}, y_{mis})|y_{obs}]+V[E(\theta|y_{obs}, y_{mis})|y_{obs}] \tag{6-6}$$

式 6–6 说明 θ 的后验方差被分为两部分，一部分是内部差异（用 $\overline{U}$ 表示），表示用样本推断总体的抽样误差，为多重插补后的每个“完整数据”的后验方差的均值：

$$\overline{U}=E\left[V\left(\theta|y_{obs}, y_{mis}\right)|y_{obs}\right] \tag{6–7}$$

另一部分是不同插补间的差异用 B（表示），表示因数据缺失而造成的误差，计算方法为多重插补后的每个“完整数据”的后验均值的方差：

$$B=E\left(V\left(\theta|y_{obs}, y_{mis}\right)|y_{obs}\right) \tag{6–8}$$

同理，式 6–6 仍然是理论公式，仍然需要对农业经济调查缺失数据插补无穷次，对于有限次（m 次）的插补，内部方差：

$$\overline{U}=\frac{1}{m}\sum_{j=1}^{m}U_i \tag{6–9}$$

其中，$\boldsymbol{U}_i$ 为根据多重插补后的每一个“完整”数据计算的协方差矩阵。而不同插补之间的方差：

$$B=\frac{1}{m-1}\sum_{j=1}^{m}\left(\hat{\theta}_j-\overline{\theta}\right)\left(\hat{\theta}_j-\overline{\theta}\right)^T \tag{6–10}$$

其中，$m-1$ 为自由度。而 θ 的总方差为：

$$V=\overline{U}+B \tag{6–11}$$

但是式 6–11 毕竟来自有限（m）次的插补后计算的 θ 的方差，其值跟无穷次后计算的方差还是有细微差异的，Rubin（1987）提出了一个更精确的公式：

$$V=\overline{U}+B+\frac{B}{m} \tag{6–12}$$

其中，B/m 表示因采取有限次插补而增加的方差，其随着插补次数 m 的增加而减小。式 6–12 表示参数的估计方差来自三部分：样本推断总体的抽样误差、因数据缺失造成的方差和采取有限次插补产生的方差。这三部分中后两者表示因为数据缺失而造成的方差，其与总方差之比用 λ 表示：

$$\lambda=\frac{B+B/m}{T} \tag{6–13}$$

λ 表示因缺失值产生的方差占总方差的比重可以作为一个判断缺失信息影响的指标，此外，可以用这三部分方差中后两者之和除以前者：

$$r=\frac{B+B/m}{\overline{U}} \tag{6-14}$$

r 表示因缺失值产生的方差增加所占的相对比重。

特别地，当 θ 为单一参数，比如农户家庭平均收入 μ，则式 6-9 中的 U_j 为：

$$U_j=\frac{1}{n}s_j^2 \tag{6-15}$$

其中，s_j^2 为多重插补后第 j 个“完整”数据的样本方差。而式 6-10 有更简单的形式：

$$B=\frac{1}{m-1}\sum_{j=1}^{m}(\hat{\mu}_j-\mu)^2 \tag{6-16}$$

其中，$\hat{\mu}_j$ 为多重插补后第 j 个“完整”数据的样本均值。

6.2.2　多重插补估计量的分布

假设插补是符合农业经济调查数据的先验分布，那么多重插补后估计的统计量 $\bar{\theta}$ 根据中心极限定理，近乎满足一个以 θ 为均值、U 为方差的正态分布：

$$\bar{\theta}\sim N(\theta,U) \tag{6-17}$$

U 仍然是个总体参数，在缺失数据下其估计由式 6-12 给出，这样利用式 6-17 构建置信区间的误差太大，需改用学生 -t 分布。学生 -t 分布跟正态分布不同，需要给出分布的自由度。如果农业经济调查数据是完整的，那么其自由度 ν 为：

$$\nu_c=n-q \tag{6-18}$$

其中，n 为样本容量，q 为参数个数，当 θ 是标量时其值为 1，也就是说在完整数据下学生 -t 分布的自由度取决于样本容量。

但是在多重插补的情况下，学生 -t 分布需要考虑的因素更多，除了考虑样本容量外，还要考虑插补的次数以及数据缺失造成的额外方差带来的学生 -t 分布自由度上的修正（减小）。一般的思维方式是，更大的样本容量导致更大的自由度、更大的插补次数导致更大的自由度、缺失数据引致的更大的额外方差导致更小的自由度。综合这三个因素，就可以给出缺失数据多重插补下的学生 –t 分布的自由度（Barnard and Rubin，1999）：

$$\nu_{nc}=\frac{(m-1)(n-q)}{(m-1)+\lambda^2(n-q)} \tag{6-19}$$

式 6–19 中的 λ 由式 6–13 给出，代表了因数据缺失增加的方差所占的比重。特别地，当插补次数 m 较小而样本容量 n 又很大时，式 6–19 近乎为：

$$\nu_{nc}=\frac{(m-1)(n-q)}{(m-1)+\lambda^2(n-q)}\approx\frac{(m-1)(n-q)}{\lambda^2(n-q)}=\frac{(m-1)}{\lambda^2} \tag{6-20}$$

这是一个近似公式，说明在较大的样本容量下，多重插补后的学生 –t 分布自由度几乎可以忽略样本容量的影响（事实上较大的样本容量下学生 –t 分布和正态分布几无差异），而只要考虑插补次数以及缺失信息的额外方差即可。如此，可以根据统计量 $\bar{\theta}$ 构建自由度为 ν_{nc} 的学生 –t 分布：

$$t(\nu_{nc})\backsim\frac{\bar{\theta}-\theta}{\sqrt{V}} \tag{6-21}$$

其中，V 由式 6–12 给出。

6.2.3 多重插补的参数估计和检验方法

农业经济调查最终的目的是利用调查数据对参数进行估计和检验，比如估计农户的平均家庭收入、平均种植面积，或者检验每株橘树的平均产量有没有达到某个标准等。

由式 6–21 很容易给出参数 θ 的区间估计，在给定的（$1-\alpha$）的置信水平下（α 为显著水平），θ 的置信区间为：

$$\bar{\theta}\pm t_{\alpha/2}(\nu_{nc})\sqrt{V} \tag{6-22}$$

其中，$t_{\alpha/2}(\nu_{nc})$ 表示学生 –t 分布在 ν_{nc} 的自由度下的第 100（$1-\alpha/2$）分位数。

同理，由式 6–21，在原假设

$$H_0:\ \theta=\theta_0 \tag{6-23}$$

下，检验统计量构建如下：

$$t\text{-}value=\frac{\bar{\theta}-\theta_0}{\sqrt{V}} \tag{6-24}$$

而检验的值 P 为：

$$P\text{-}value=\Pr\left[t\left(\nu_{nc}\right)>\left|\frac{\bar{\theta}-\theta_0}{\sqrt{V}}\right|\right] \tag{6-25}$$

此外，还可以利用方差分析方法完成检验，构建 F 检验统计量如下：

$$F\left(1,\ \nu_{nc}\right)=\frac{\left(\bar{\theta}-\theta_0\right)^2}{\sqrt{V}} \tag{6-26}$$

其检验的值为：

$$P\text{-}value=\Pr\left[F\left(1,\ \nu_{nc}\right)>\frac{\left(\bar{\theta}-\theta_0\right)^2}{\sqrt{V}}\right] \tag{6-27}$$

6.3 一元正态模型下的贝叶斯法多重插补及比较分析

多重回归的一个简单的模型是一元正态线性模型，这个模型适合农业经济调查数据中只有一个变量缺失（单一缺失模式）的情形，比如农户家庭收入有缺失，但与之相关的其他变量如柑橘种植面积、施肥量、柑橘产量、柑橘销量等无缺失。基本思想是有效利用变量之间的相关关系，构建线性模型，利用不存在缺失值的变量对存在缺失值的变量进行插补，而这种插补带有预测性，这样就能对数据信息进行一定的补充。比如柑橘种植户虽然无法或不愿回答家庭收入，但对自己的柑橘产量是记得很清楚而且愿意回答的，这样柑橘产量这个变量往往不会有缺失，而我们相信种植户的家庭收入跟柑橘产量相关性是很高的，我们就可以借助线性模型以柑橘产量为辅助变量来插补家庭收入。

6.3.1 一元正态线性模型的假设

一元正态线性模型的构建基于以下假设：

（1）数据的缺失模式是单一缺失，即可以将农业经济调查数据分为 X 和 Y 两部分，其中 Y 来自一元正态总体，存在缺失值；而 X 是来自元正态总体的完整数据，不存在缺失值。

（2）Y 缺失机制为随机缺失（MAR），即 Y 的缺失只跟 X 有关，跟

X 本身无关。

（3）Y 跟 X 之间是线性关系，即：

$$Y \sim N(X\beta, \sigma^2) \tag{6-28}$$

其中，β 是 q 维向量，而 σ^2 是标量。这样我们就可以构建正态线性模型，利用 X 插补 Y 的缺失部分。

6.3.2 贝叶斯多重插补方法的理论分析

贝叶斯法的基本思想是让插补模型参数来自其后验分布的一个随机抽取。为了简化公式符号，我们将相关符号再稍做调整。设农业经济调查数据有 n 个观测，含有缺失值的变量 Y 有 n_1 个观测未缺失，记为 Y_1；有 n_0 个观测缺失，记为 Y_0。不含缺失值的 X（X 为向量或矩阵）也相应地分为两部分：X_1 和 X_0，X_1 为 Y_1 对应的部分，X_0 为 Y_0 对应的部分。根据数据的未缺失部分 Y_1 和 X_1，以及式 6–28 所假设之模型，可以获得模型的最小平方估计 $\hat{\beta}_1$ 和 $\hat{\sigma}^2_1$：

$$\hat{\beta}_1 = (X^T{}_1X_1)^{-1}(X^T{}_1X_1) \tag{6-29}$$

以及：

$$\hat{\sigma}^2{}_1 = (Y_1 - X_1\hat{\beta}_1)^T(Y_1 - X_1\hat{\beta}_1)/(n_1 - q) \tag{6-30}$$

贝叶斯多重插补的重点是利用 $\hat{\beta}_1$ 和 $\hat{\sigma}^2{}_1$ 为 β 和 σ^2 构建后验分布，其中 σ^2 可构建 x^2 后验分布如下：

$$\frac{\hat{\sigma}^2{}_1}{\sigma^2}(n-q) \backsim x^2(n-q) \tag{6-31}$$

而在给定 σ^2 的情况下，β 的后验分布为正态分布：

$$\beta|\sigma^2 \backsim N[\hat{\beta}_1, \sigma^2(X^t{}_1X_1)^{-1}] \tag{6-32}$$

根据 β 和 σ^2 的后验分布，对缺失值 Y_0 的插补可使用如下模型：

$$Y_* = X_0\beta_* + Z_1\sigma_* \tag{6-33}$$

其中，Z_1 为来自标准正态分布 N（0，1）的 n_0 个随机抽取，σ_* 和 β_* 分别来自式 6–31 和式 6–32 所给定的后验分布的一个随机抽取。其中，

$$\sigma^2{}_* = \hat{\sigma}^2{}_1(n_1 - q)/g \tag{6-34}$$

g 是来自 $x^2(n_1-q)$ 的一个随机抽取；而

$$\beta_*=\hat{\beta}_1+\sigma_*(({X^T}_1X_1)^{-1})^{1/2}Z_2 \tag{6-35}$$

式 6-35 中 Z_2 为来自标准正态分布 $N(0, 1)$ 的 q 个随机抽取。[$(({X^T}_1X_1)^{-1})^{1/2}$ 为的方根（Cholesky 分解］，但是如果矩阵是奇异矩阵，Cholesky 分解可能无法获得，为了消除该问题，上述 $({X^T}_1X_1)^{-1}$ 可以用

$$V=({X^T}_1X_1)^{-1}+diag(({X^T}_1X_1)^{-1}k)^{1} \tag{6-36}$$

来代替，其中 k 是一个岭参数（ridge parameter），其目的是消除奇异矩阵的影响，一般为其选择一个接近零的正数（比如 0.00001），这样不会影响最终结果。

6.3.3　贝叶斯多重插补方法的参数估计

根据上述的贝叶斯插补后会得到 m 个“完整”的农业经济调查数据，然后利用这 m 个“完整”数据完成估计或检验。在一元正态模型假设下，参数的点估计拥有更简单的形式，我们结合 6.2 节重新给出计算公式和符号。设该 m 个“完整”数据的均值和方差分别为 $\overline{Y}_l$（$l=1, 2, \cdots, m$）和 S_t^2，则总均值的点估计为：

$$\overline{Y}=\frac{\sum_{l=1}^{m}\overline{Y}_l}{m} \tag{6-37}$$

总内部方差点估计为：

$$\overline{S}^2=\frac{\sum_{l=1}^{m}S_t^2}{m} \tag{6-38}$$

根据式 6-12，而插补后的总方差 V 被分解成两部分：m 个数据内部的方差和 m 个数据之间的方差，具体计算如下：

$$V=\overline{S}^2+\left(1+\frac{1}{m}\right)B \tag{6-39}$$

式 6-39 中，B 表示 m 个完整数据之间的方差，计算公式为：

$$B=\frac{\sum_{l=1}^{m}(\overline{Y}_l-\overline{Y})^2}{m-1} \tag{6-40}$$

如此，总体参数 μ 的一个 $1-\alpha$ 置信区间为：

$$\overline{Y} \pm t_{\alpha/2}(\nu_{nc})\sqrt{V} \tag{6-41}$$

其中，ν_{nc} 仍为学生 -t 分布的自由度，在样本容量较大的情况下计算公式为：

$$\nu_{nc}=(m-1)\left(1+\frac{1}{r^2}\right) \tag{6-42}$$

r 表示因数据缺失增加的方差的相对比重，计算公式为：

$$r=\frac{\left(1+\frac{1}{m}\right)B}{\overline{S}^2} \tag{6-43}$$

6.3.4 贝叶斯多重插补方法的模拟比较分析

下面利用模拟的方法来完成一元正态线性模型假设下农业经济调查缺失数据的贝叶斯多重插补，然后将该方法跟单一均值插补和普通的多重插补进行对比。这个模拟较为复杂，基本思路是：事先设定辅助变量柑橘产量的总体参数及分布，再设定模拟缺失的变量家庭收入关于柑橘产量的线性模型的参数以及残差方差；然后根据柑橘产量的总体参数及分布产生样本，再根据模拟的线性模型参数和残差方差产生家庭收入的样本；设定缺失比重，将缺失比重作为贝努利实验的失败概率，利用二项分布产生缺失指示矩阵，然后利用该矩阵对家庭收入样本挖空，产生含有缺失值的家庭收入样本；分别利用单一均值插补、普通多重插补以及贝叶斯多重插补对缺失的家庭收入样本进行插补，在多重插补中都选定插补次数 m 为 5，然后分别利用三种方法的插补数据计算估计量以及置信区间；将上述步骤重复，进行大量的实验，将实验结果取均值，然后再对比三种插补方法的优劣。最后，这个步骤的目的是利用计算机的强大计算能力进行大量模拟试验，这样以避免单个样本或者单次模拟试验结果的偶然性，最终得到稳定的结论。

（1）缺失数据模拟。事先设定辅助未缺失变量为单一变量：柑橘产量（单位：千斤），其来自正态总体 N（6.8，3.5）的一个容量为 100 的样本，而家庭收入（单位：万元）服从以下正态线性模型：

$$家庭收入 \sim N（2.39+1.27\,柑橘产量，0.47^2） \qquad （6-44）$$

然后模拟家庭收入随机缺失 50 个数（缺失比例为 50%），如此大的缺失比例是为了更容易对比不同的插补方法的优劣。模拟的数据及缺失情况显示在图 6-3 中，从该图中可看出家庭收入的缺失跟本身无关，只跟柑橘产量有关，符合随机缺失（MAR）的假定。

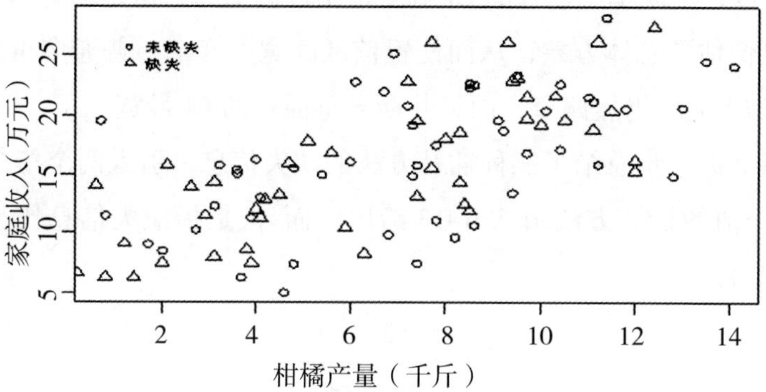

图 6-3　模拟农业经济调查数据的缺失情况

（2）模拟插补。先对上述模拟缺失数据按照贝叶斯法进行模拟插补，作为比较对该缺失数据分别采用单一插补、普通多重插补，同样实验模拟 100 次，分别计算统计量和估计；再将 100 次插补后的参数估计结果求平均数，这样做的目的是避免单次插补结果的偶然性，结果列在表 6-1 中。

表 6-1　贝叶斯方法的模拟

插补方法	点估计	标准误	95% 置信下限	95% 置信上限
单一插补	1.269246	0.0096	1.2523	1.2882
普通多重插补	1.269315	0.0172	1.2332	1.3055
贝叶斯多重插补	1.269296	0.0210	1.2216	1.3170

（3）三种插补方法比较。现在就可以比较三种插补方法的优劣，为了比较三种插补方法的效果，我们再构建两个指标：偏差和覆盖率。偏差是指每一次插补后的点估计的均值与真实值之差的平均数；覆盖率是指根据每一次插补后的数据构建的置信区间中能包括真实值的置信区间所占的

比重。表 6–2 记录了三种插补方法的偏差和覆盖率，我们发现三种方法产生点估计的偏差几乎没有区别，都略微较真实值偏小，幅度为 –0.007 左右。但是在覆盖率上，单一插补构建的置信区间只能覆盖 69% 的真实值，而普通多重插补明显改善，覆盖了 93% 的真实值，但是还是低于事先设定的 95%。而采用贝叶斯多重插补，覆盖率能达到 97%，高于事先设定的 95% 的置信水平。为什么会这样呢？表 6–2 还计算了每一次插补的置信区间（CI）的平均宽度，发现单一插补的 CI 宽度是明显偏窄的，这是因为单一插补的结果明显低估了总体方差，从而使置信区间宽度变窄；普通多重插补有所改进，但 CI 宽度仍然偏窄，而贝叶斯多重插补的 CI 最宽。

表 6–2 进一步总结了三种插补方法的缺失信息，引入两个指标：λ 值和 γ 值。值的计算方法由式 6–13 给出。而 γ 是指缺失信息比（fmi），计算公式为：

$$\gamma=\frac{r+2/(\nu_{nc}+3)}{r+1} \tag{6–45}$$

大部分文献对 λ 和 γ 不作区分，事实上当学生 –t 分布的自由度 ν_{nc} 很大时两者几无区别，但当 ν_{nc} 很小时两者的区别是明显的，它们之间的关系如下：

$$\gamma=\frac{\nu+1}{\nu+3}\lambda+\frac{2}{\nu+3} \tag{6–46}$$

从表 6–2 可知，单一插补的 λ 值为 0，表示缺失信息比为 0，插补值未给总体贡献差异，这显然不符合实际；而普通多重插补的 γ 值和 λ 值加大，说明插补的缺失值为总体数据贡献了差异，但仍然偏小；只有贝叶斯多重插补的 γ 值和 λ 值接近 50%，这与事先设定的 50% 的缺失比重接近。

表 6–2　贝叶斯法的插补效果比较

插补方法	偏差	覆盖率	CI 宽度	γ	λ
单一插补	–0.00075	0.69	0.0380	0.0202	0.0000
普通多重插补	–0.00068	0.93	0.0723	0.3901	0.3404
贝叶斯多重插补	–0.00070	0.97	0.0955	0.5822	0.5221

（4）不同缺失比重对比。为了验证在不同缺失比重下三种插补方法

的效果，我们把缺失比重设为 20%、50% 和 80%，然后比较三种插补方法构建的 100 次插补的置信区间的覆盖率，结果展示在表 6–3 中。可以发现，多重插补，特别是贝叶斯多重插补在缺失比重很高的情况下效果更明显。当缺失比重只有 20% 的时候，即使单一插补也有 85% 的覆盖率，而普通的多重插补有 93% 的覆盖率，跟贝叶斯多重插补接近；而当缺失比重上升到 50% 时，单一插补覆盖率下降为 69%，但普通多重插补尚有 93% 的覆盖率。但当缺失比重上升到 80% 时，单一插补的覆盖率就只有 28%，而普通多重插补的覆盖率下降为 75%。我们发现，不管缺失比重有多高，贝叶斯多重插补的覆盖率始终保持在 97%。

表 6–3　不同缺失比重下三种插补方法的覆盖率

缺失比重（%）	单一插补	普通多重插补	贝叶斯多重插补
20	0.85	0.93	0.97
50	0.69	0.93	0.97
80	0.28	0.75	0.97

（5）实验次数对贝叶斯多重插补的影响。在 100 次试验中发现贝叶斯插补后真实值的覆盖率大于事先设定的 95%，是否意味着贝叶斯多重插补会通过扩大估计标准误来提高覆盖率，这样虽然提高了覆盖率，但是估计精度下降了。将试验次数提高到 1000 次和 10000 次，结果列在表 6–4 中。发现当试验次数提高到 1000 次，覆盖率下降为 95%，提高到 10000 次，覆盖率进一步下降。这说明贝叶斯多重插补进行估计的覆盖率接近 95% 的水平，贝叶斯插补的估计是准确的，并没有扩大置信区间的宽度。同时还发现随着试验次数增加，估计偏差进一步下降，直至接近 0，说明贝叶斯多重插补得到了一个无偏有效的点估计。此外，γ 值和 λ 值随着试验次数的增加也更接近事先设定的缺失比重 50%，说明贝叶斯插补并没有扩大或缩小缺失信息。

表 6–4　不同实验次数下贝叶斯多重插补的效果比较

次数	偏差	覆盖率	CI 宽度	γ	λ
100	–0.000704	0.970	0.0955	0.5822	0.5221
1000	–0.000261	0.950	0.0922	0.5485	0.4907
10000	–0.000055	0.944	0.0921	0.5492	0.4915

6.4 一元正态模型下 Bootstrap 多重插补及比较分析

6.4.1 Bootstrap 法和贝叶斯法在模型假设上的异同

在本节中，利用 Bootstrap 的方法来完成农业经济调查缺失数据的插补。Bootstrap 方法与贝叶斯法的不同之处在于插补模型的参数产生方法，其他基本一致。

Bootstrap 多重插补模型的假设和贝叶斯法基本相同：

（1）数据缺失为单一缺失模式。这样数据也分为 X 和 Y 两部分，其中 Y 来自一元正态总体，存在缺失值；而 X 是来自元正态总体的完整数据，不存在缺失值。在这里正态假设可以弱化，甚至在正态假设不完全满足的情况下，Bootstrap 方法也有一定的效果。

（2）Y 的缺失机制为随机缺失（MAR），即 Y 的缺失只跟 X 有关，跟 Y 本身的未观测值无关。

（3）Y 跟 X 之间的关系仍然是一个线性模型。

$$Y \sim N(X\beta, \sigma^2) \tag{6-47}$$

此外，插补完成以后参数的估计方法与贝叶斯法基本上是一样的，所以不再赘述，下面将重点放在 Bootstrap 方法的介绍上。

6.4.2 Bootstrap 多重插补方法的理论分析

Bootstrap 多重插补的基本思想是让线性模型的参数来自原完整样本的多个 Bootstrap 样本，由于 Bootstrap 样本只是原样本的一个重复随机抽取，不会损失太多原始信息。但 Bootstrap 样本可以无限抽取（这点区分于 Jackknife 方法），而且彼此之间是有差异的，而这个差异可以很好地弥补单一插补对总体方差的低估。Bootstrap 法跟贝叶斯法相比，可以不需要两个步骤：Choleski 分解和从 x^2 分布中抽取以完成残差估计，因此效率上会更高一点。

仍设农业经济调查数据有 n 个观测，含有缺失值的变量 Y 按有无缺失排序，前 n_1 个观测未缺失，记为 Y_1，后 n_0 个缺失观测记为 Y_0。X 对应分为两部分：X_1 和 X_0。然后用 Bootstrap 方法对数据的观测部分（Y_1，X_1）可放回抽样产生 Bootstrap 样本。设（Y_b，X_b）为来自（Y_1，X_1）的一个容量为 n_1 的 Bootstrap 样本。基于 Bootstrap 样本，可以得到线性模型参数的最小平方估计：

$$\beta_b=(X^T{}_b, X_b)^{-1}(X^T{}_b, X_b) \quad (6\text{–}48)$$

同样，为了消除因奇异矩阵产生的问题，式 6–47 中的 $(X^T{}_b, X_b)^{-1}$ 可以用岭参数对其进行些许调整：

$$V=(X^T{}_b, X_b)^{-1}+diag[((X^T{}_b, X_b)^{-1})k]^{-1} \quad (6\text{–}49)$$

而残差的一个 Bootstrap 估计为：

$$\sigma_b{}^2=(Y_b-X_b\hat{\beta}_b)^T(Y_b-X_b\hat{\beta}_b)/(n_1-q-1) \quad (6\text{–}50)$$

借助式 6–48 和式 6–50，就可以对缺失值 Y_0 进行插补，使用如下模型：

$$Y=X_0\beta_b+Z_1\sigma_b \quad (6\text{–}51)$$

其中，Z_1 为来自标准正态分布 N（0，1）的 n_0 个随机抽取。

6.4.3 Bootstrap 多重插补方法的模拟比较分析

下面借助计算机对 Bootstrap 插补方法进行模拟分析，模拟思路跟 6.3 节贝叶斯法的模拟大致相同。这回选用柑橘种植面积（亩）为不含缺失值的辅助变量，农户家庭收入（万元）为含有缺失值的目标变量。仍事先设定辅助变量柑橘种植面积的分布以及变量家庭收入关于柑橘种植面积的线性模型产生样本；利用二项分布产生缺失指示矩阵再挖空家庭收入产生缺失值；然后利用柑橘种植面积和家庭收入的观测部分产生 Bootstrap 样本，利用该样本残生参数和残差构建模型进行 Bootstrap 多重插补，然后再对该数据分别采取单一均值插补、普通多重插补，多重插补的插补次数 m 均为 5；利用三中方法插补后，分别构建置信区间、计算区间宽度、覆盖率、缺失信息比等指标，进行对比；最后调整实验次数及缺失比重后再进行对比。

（1）缺失数据的模拟。先模拟柑橘种植面积（亩）的一个样本，设定其为来自正态总体 N（8.6，3.3）的一个容量为 108 的随机抽取（对一些负值或极端值做一定调整），然后模拟农户家庭收入，让：

$$\text{农户家庭收入} \sim N(1.36+0.88\ \text{柑橘种植面积},\ 3.8^2) \qquad (6\text{–}52)$$

然后利用二项分布，以 50% 的成功概率产生缺失指示矩阵，利用缺失指示矩阵对农户家庭收入的 108 个数据进行挖空，让其随机缺失 54 个数（缺失比例为 50%）。选用 50% 这么一个较大的缺失比例，仍然是为了更方便对比不同的插补方法的优劣。模拟的数据及缺失情况显示在图 6–4 中，从图 6–4（a）中可看出家庭收入的缺失值虽然随着柑橘种植面积的增加而增加，但跟本身无关，即单纯从家庭收入这个变量看缺失值是随机分布的，符合随机缺失（MAR）的假定；从图 6–4（b）中可发现不管是完整数据还是缺失数据，都基本符合正态假设（略微有点右偏是对极端值和负值的调整引起的）。

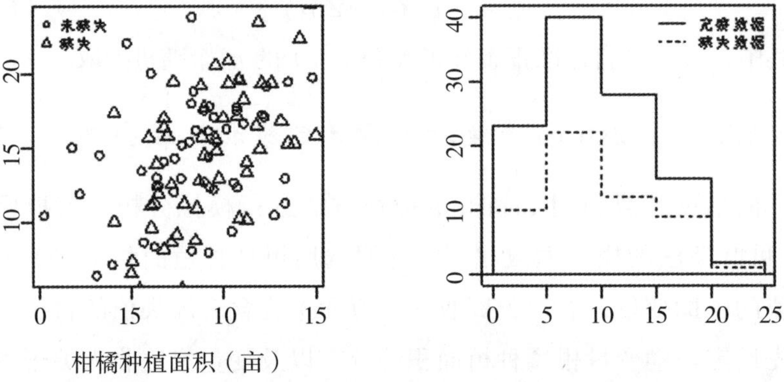

图 6–4　农业经济调查的缺失数据与完整数据对比

（2）插补。然后对缺失数据分别采用单一插补、普通多重插补和 Bootstrap 多重插补，对于单一插补可直接计算参数的点估计然后构建置信区间，对于多重插补则需采用式 6–40 和式 6–41 中的方法进行区间估计。为了避免单次插补结果的偶然性，分别采取三种方法进行 200 次插补，再对 200 次插补后的相应结果求平均数，结果列在表 6–5 中。

表 6-5 Bootstrap 方法的模拟

插补方法	点估计	标准误	95% 置信下限	95% 置信上限
单一插补	0.89144	0.07841	0.7360	1.0469
普通多重插补	0.89301	0.14199	0.5941	1.1920
Bootstrap 多重插补	0.88993	0.16233	0.5272	1.2527

（3）三种插补方法的比较。表 6-6 记录了三种插补方法的偏差和覆盖率，我们发现三种方法产生点估计的偏差几乎没有区别，都略微较真实值偏大，幅度为 0.01 左右，Bootstrap 多重插补的偏差更小一点。但是在覆盖率上，单一插补构建的置信区间只能覆盖 64.5% 的真实值，而普通多重插补明显改善，覆盖了 90.5% 的真实值，但是还是低于事先设定的 95%。而采用 Bootstrap 多重插补，覆盖率能达到 92%，却仍低于 95%，但已经比前两者高。表 6-6 还计算了 200 次插补的置信区间（CI）的平均宽度，发现单一插补的 CI 宽度是明显偏窄的，这是因为单一插补的结果明显低估了总体方差，从而使置信区间宽度变窄；普通多重插补有所改进，但 CI 宽度仍然偏窄，而 Bootstrap 多重插补的 CI 最宽。

表 6-6 Bootstrap 方法与其他插补方法的比较

插补方法	偏差	覆盖率	CI 宽度	γ	λ
单一插补	0.011442	0.645	0.3109	0.0187	0.0000
普通多重插补	0.013008	0.905	0.5979	0.3886	0.3403
Bootstrap 多重插补	0.009928	0.920	0.7255	0.5198	0.4646

表 6-6 进一步总结了三种插补方法的缺失信息。单一插补的 λ 值为 0，表示缺失信息比为 0，插补值未给总体贡献差异，这显然不符合实际；而普通多重插补的 γ 值和 λ 值加大，说明插补的缺失值为总体数据贡献了差异，但仍然偏小，只有 30% 多；只有贝叶斯多重插补的 λ 值和 γ 值接近 50%，这与事先设定的 50% 的缺失比重接近。

（4）不同缺失比重的对比。为了验证在不同缺失比重下三种插补方法的效果，我们把缺失比重设为 15%、50% 和 70%，然后比较三种插补方法构建的 200 次插补的置信区间的覆盖率和平均偏差，结果显示在表 6-7 中。可以发现，在缺失比重只有 15% 的时候，插补以后的偏差是最大的，缺失比重增加至50%偏差反倒下降，但缺失比重增加到70%时偏差又有点提高；但是偏差的差异只存在于不同的缺失比重中，而不存在于不同的插补方法中，即不同的插补方法对点估计的偏差几乎没有差别。

表6–7　不同缺失比重下的覆盖率

缺失比合并（%）	单一插补		普通多重插补		贝叶斯多重插补	
	覆盖	偏差	覆盖	偏差	覆盖	偏差
15	0.925	0.02135	0.940	0.02142	0.975	0.02416
50	0.645	0.01144	0.905	0.01301	0.920	0.00993
70	0.420	0.01419	0.820	0.01615	0.950	0.01430

通过对比覆盖率我们发现，多重插补，特别是Bootstrap多重插补在缺失比重很高的情况下效果更明显。当缺失比重只有15%的时候，即使单一插补也有92.5%的覆盖率，而普通的多重插补有94%的覆盖率，跟Bootstrap多重插补接近；而当缺失比重上升到50%时，单一插补覆盖率下降为64.5%，但普通多重插补尚有90.5%的覆盖率。当缺失比重上升到70%时，单一插补的覆盖率就只有42%了，而普通多重插补的覆盖率下降到82%。我们发现不管缺失比重有多高，贝叶斯多重插补的覆盖率始终保持在95%左右。

（5）试验次数对贝叶斯多重插补的影响。在200次试验中发现Bootstrap插补后真实值的覆盖率虽然接近事先设定的95%，但不完全等于95%。当然，因为试验次数偏低，导致贝叶斯多重插补获得的覆盖率不能等于事先设定的覆盖率。我们将缺失比重仍设定为50%，试验次数提高到2000次和20000次，结果列在表6–8中。我们发现当试验次数提高到2000次时覆盖率提高为94.5%；提高到20000次，覆盖率没有进一步提高。限于计算机的运算能力没有进一步提高实验次数，但20000次的模拟已足以平均化单次插补的偶然性，说明Bootstrap多重插补构建的置信区间覆盖率很有可能略微偏低。同时，我们还发现随着试验次数增加，当实验次数从200次提高到2000次时，估计偏差由负变正，而且已经接近0，但当实验次数提高到20000次时，偏差没有进一步下降，但仍然非常接近0了，说明Bootstrap多重插补得到了一个无偏但可能并不一致的点估计。此外，

γ 值和 λ 值随着试验次数的增加也更接近事先设定的缺失比重 50%，说明 Bootstrap 插补并没有扩大或缩小缺失信息。

表 6–8　不同实验次数下 Bootstrap 多重插补的效果比较

次数	偏差	覆盖率	CI 宽度	γ	λ
200	0.009930	0.920	0.7255	0.5198	0.4646
2000	−0.000016	0.945	0.7352	0.5479	0.4911
20000	−0.000669	0.944	0.7411	0.5450	0.4884

6.5　多元正态模型下联合分布多重插补及其应用分析

6.5.1　农业经济调查的多变量缺失问题

农业经济调查的缺失数据的一个更普遍的缺失模式是一般缺失。比如在一个对柑橘种植户的调查中，不仅像农户家庭收入这种变量容易缺失，其他的变量比如果园施肥量、农药使用量这些变量，种植户也不一定能清楚记得或不愿回答，那么也有可能存在缺失。于是，在这种情况下一元正态线性模型就不能完成插补，必须引入多元正态模型。

跟单一缺失情况不同，在一般缺失情况下由于不只有一个变量缺失，那么就不能用单一的插补模型，根据对不同的变量的插补就要用到不同的模型（方程）。由于不同变量之间都存在缺失，那么对一个变量的插补又会影响其他变量的插补，如此环环相扣，因此不能用固定算法，而是用迭代算法。根据具体采用的插补模型以及迭代算法的差异，多元正态模型下的多元插补主要采用两种方法：联合分布法和条件分布法。

6.5.2　多元正态模型下联合分布多重插补方法的假设

多变量缺失下的联合分布多重插补模型的构建基于以下假设：

（1）数据的缺失模式是一般缺失，农业经济调查数据 $Y=(Y_1, Y_2, \cdots, Y_p)$ 的 p 个变量 Y_j（$j=1, 2, \cdots, p$）中，至少有两个变量存在缺失值。

（2）Y 的缺失机制为随机缺失（MAR），即 Y_j（$j=1, 2, \cdots, p$）的

缺失跟 Y_j（j=1，2，…，p）本身无关，而只跟 Y_{-j}（j=1，2，…，j–1，j+1，…p）有关。

（3）Y=（Y_1，Y_2，…，Y_p）来自一个 p 元正态总体：

$$Y \sim N(\mu, \Sigma) \quad (6\text{–}53)$$

其中，$\mu=(\mu_1, \mu_2, \cdots, \mu_p)$ 是 Y=（Y_1，Y_2，…，Y_p）的 p 维均值向量，而

$$\Sigma = Var(Y_1, Y_2, \cdots, Y_p) \quad (6\text{–}54)$$

是 Y=（Y_1，Y_2，…，Y_p）的 $p \times p$ 维协方差矩阵，为一个正定矩阵。Y 的联合分布密度函数为：

$$p(Y_1, Y_2, \cdots, Y_p) = \left(\frac{1}{\sqrt{2\pi}}\right)^2 \frac{1}{\sqrt{|\Sigma|}} \text{epx}\left[-\frac{1}{2}(y-\mu)^T \Sigma^{-1} (y-\mu)\right] \quad (6\text{–}55)$$

（4）Y=（Y_1，Y_2，…，Y_p）中的任意一个变量 Y_j 与其他 p–1 个变量的任意组合都是线性关系，即：

$$Y_j = \alpha + i_1\beta_1 Y_1 + i_2\beta_2 Y_2 + \cdots + i_{j-1}\beta_{j-1} Y_{j-1} + i_{j+1}\beta_{j+1} Y_{j+1} + \cdots + i_p\beta_p Y_p + \varepsilon \quad (6\text{–}56)$$

其中，$I_{-j}=(i_1, i_2, \cdots, i_{j-1}, i_{j+1}, \cdots, i_p)$ 是缺失指示向量，类似于具体的缺失模式，如果 Y_j 之外的变量对应也缺失取值为 0，不缺失取值为 1。ε 是残差项服从正态分布，为一均值为 0 的白噪声。

6.5.3 农业经济调查数据的具体缺失模式

一般缺失模式意味着不同变量的缺失是没有规律的，为了利用联合分布模型对缺失值进行插补，必须将数据分成具体的缺失模式。

比如一个 6×3 维的农业经济调查数据 Y=（Y_1，Y_2，Y_3），其缺失指示矩阵 $\boldsymbol{R}$ 为：

$$\begin{pmatrix} 1 & 1 & 0 \\ 1 & 1 & 1 \\ 0 & 0 & 1 \\ 1 & 0 & 1 \\ 1 & 1 & 1 \\ 1 & 1 & 0 \end{pmatrix}$$

其具体的缺失模式信息可以用表 6–9 表示。

表 6–9　具体缺失模式信息表

观测数	Y_1	Y_2	Y_3	缺失值个数
2	1	1	1	0
1	0	0	1	2
2	1	1	0	1
1	1	0	1	1

表 6–9 说明其中有 2 个观测具体缺失模式为（1，1，0），在该模式中 Y_1 和 Y_2 未缺失，而 Y_3 缺失，那么就用 Y_1 和 Y_2 为 Y_3 插补，即从后验分布 $P(Y_3|Y_1, Y_2, \phi)$ 中产生插补值；而 1 个观测具体缺失模式为（1，1，0），在该模式中 Y_1 和 Y_2 缺失，而 Y_3 未缺失，那么就用 Y_3 为 Y_2 和 Y_1 插补；1 个观测具体缺失模式为（1，0，1），在该模式中 Y_1 和 Y_3 未缺失，而 Y_2 缺失，那么就用 Y_3 和 Y_1 为 Y_2 插补；2 个观测无缺失为（1，1，1）。

6.5.4　联合分布多重插补方法的理论分析

联合分布模型的一个基本思想是根据数据不同的具体缺失模式，从农业经济调查缺失数据中的未缺失变量的后验联合分布产生插补值对缺失值进行插补。由于插补值之间互相影响，因此需要用迭代算法，联合分布模型的算法是基于一种叫作数据扩增（Data Augmentation, DA）的迭代算法。数据扩增法基于贝叶斯统计思想，是寻找数据后验分布的重要方法，属于马尔科夫链蒙特卡洛法(Markov Chain Monte Carlo, MCMC)的一种计算方法，其思想基本与期望最大法（Expectation–Maximum，EM）算法类似，只是将EM 算法中的 E 步和 M 步替换为随机抽取的 I 步和 P 步。在 I 步中，根据未缺失变量的联合条件分布随机抽取插补值对缺失变量进行插补：

$$Y^t_{mis} \sim P(Y_{mis}|Y_{obs}, \theta^{t-1}) \tag{6–57}$$

在 P 步中，再根据 I 步的插补值重新计算参数：

$$\theta^t \sim P(\theta|Y_{obs}, Y^t_{mis}) \tag{6–58}$$

如此反复迭代，直至最后参数收敛。

设含有缺失数据的农业经济调查数据，$Y=\{y_{ij}, i=1, 2, \cdots, n; j=1, 2, \cdots,$

$p\}$ 计算成列删除或成对删除后的均值向量和协方差矩阵作为模型参数 $\theta=(\mu,\ \Sigma)$ 的初始值：$\theta_0=(\mu_0,\ \Sigma_0)$。当然，参数的初始值也可以由基于多元正态分布最大似然估计产生。设 $t=1,\ 2,\ \cdots,\ T$ 为数据扩增法的迭代次数，T 的取值取决于参数的收敛速度，越低的收敛速度意味着越高的迭代次数 T，对于联合分布模型，一般取值 20 即可（Schafer，1997）。

然后将其按照是否缺失进行排序，将其拥有的 k 个具体缺失模式分成 k 部分 $Y_{(k)}$（$k=1,\ 2\cdots,\ K$）。在每 t 次迭代的每 k 部分 $Y_{(k)}$ 中，假设有 m_k 个变量有缺失值记为 $M(k)$，而 O_k 个变量无缺失值记为 $O(k)$，那么：

$$O_k=p-i_k \tag{6-59}$$

$$Y_{(k)}=\{O(k),\ M(k)\} \tag{6-60}$$

将参数 $\theta=(\mu,\ \Sigma)$ 改成 $(p+1)\times(p+1)$ 阶矩阵形式：

$$\boldsymbol{\theta}=\begin{pmatrix}-1 & \mu^T \\ \mu & \Sigma\end{pmatrix} \tag{6-61}$$

那么在 $Y_{(k)}$ 中，根据缺失情况，参数矩阵进一步分解为：

$$\boldsymbol{\theta}=\begin{pmatrix}-1 & \mu_o^T & \mu_m^T \\ \mu_o & \Sigma_{oo} & \Sigma_{om} \\ \mu_m & \Sigma_{mo} & \Sigma_{mm}\end{pmatrix} \tag{6-62}$$

其中，$\mu_o^T=(\mu^1_o,\ \mu^2_o,\ \cdots,\ \mu_o^{0(k)})$ 为观测部分的均值向量，$\mu_m^T=(\mu^1_m,\ \mu^2_m,\ \cdots,\ \mu_m^{m(k)})$ 为缺失部分的均值向量；Σ_{oo} 为观测部分的 $o(k)\times o(k)$ 阶协方差矩阵，Σ_{mm} 为缺失部分的 $m(k)\times m(k)$ 阶协方差矩阵；$\Sigma_{om}=\Sigma^T_{mo}$ 为观测变量和未观测变量的 $o(k)\times m(k)$ 阶协方差矩阵。

为了在 $Y_{(k)}$ 中未缺失变量对缺失变量插补，需将参数矩阵中的观测变量清理（sweep）掉，以构建清理后的参数矩阵（Schafer，1997）：

$$SWP(O(K))\theta=\begin{pmatrix}-1 & \mu_o^T\Sigma^{-1}_{oo}\mu_o & \mu_o^T\Sigma^{-1}_{oo} & \mu_m^T-\Sigma^{-1}_{oo}\Sigma_{mm} \\ & \Sigma^{-1}_{oo}\mu_o & -\Sigma^{-1}_{oo} & \Sigma^{-1}_{oo}\Sigma_{om} \\ & \mu_m-\Sigma_{mo}\Sigma^{-1}_{oo}\mu_o & \Sigma_{mo}\Sigma^{-1}_{oo} & \Sigma_{mm}-\Sigma_{mo}\Sigma^{-1}_{oo}\Sigma_{om}\end{pmatrix} \tag{6-63}$$

而式 6-63 中，

$$\mu_m - \Sigma_{mo}\Sigma^{-1}_{oo}\mu_o = \alpha_{o.m} \tag{6-64}$$

为缺失变量关于观测变量回归方程截距，而

$$\Sigma_{mo}\Sigma^{-1}_{oo} = \beta_{o.m} \tag{6-65}$$

为缺失变量关于观测变量回归方程斜率，而

$$\Sigma_{mm} - \Sigma_{mo}\Sigma^{-1}_{oo}\Sigma_{om} = \Sigma_{mm.o} \tag{6-66}$$

为缺失变量关于观测变量回归方程的残差。因此，清理预测变量后的参数矩阵（记为）又可以表示为：

$$A=SWP(O(K))\ \theta = \begin{pmatrix} -1 & \mu_o^T\Sigma^{-1}_{oo}\mu_o & \mu_o^T\Sigma^{-1}_{oo} & \alpha^T_{o.m} \\ & \Sigma^{-1}_{oo}\mu_o & -\Sigma^{-1}_{oo} & \beta^T_{o.m} \\ & \alpha^T_{o.m} & \beta^T_{o.m} & \Sigma_{mm.o} \end{pmatrix} \tag{6-67}$$

然后将中由对应的阶子方阵进行 Cholesky 分解：

$$C'_k = [A_{M(K)}]^{1/2} \tag{6-68}$$

于是，可由以下方程产生插补值：

$$\dot{Y}_k^{mis} = \dot{\alpha}_{m.o} + \dot{Y}_k^{obs}\dot{\beta}_{m.o} + C'_k\dot{z} \tag{6-69}$$

其中，$\dot{z}$ 为一 $m(k)$ 维向量，其值来自标准正态分布 $N(0,1)$ 的 $m(k)$ 次抽取。

然后，在每一个 $Y_{(k)}$（k=1，2…，K）中完成插补，这样就完成了数据扩增（DA）算法的 I 步，接下来根据 I 步的插补重新产生参数。基于 I 步插补后的“完整”数据的参数后验分布 $P(\theta | Y_{obs}, Y_{mis})$ 由两部分组成，协方差阵 Σ 为一个逆 -Wishart 分布：

$$\Sigma \sim W^{-1}(m, \wedge) \tag{6-70}$$

其中，m 是逆 -Wilshart 分布的自由度，而∧是逆 -Wilshart 分布的尺度参数，关于该分布的进一步解释见附录 2。而在给定 Σ 的条件下，μ 的分布为多元正态分布：

$$\mu | \Sigma \sim N(\mu_o, \tau^{-1}\Sigma) \tag{6-71}$$

然后从式 6-70 和式 6-71 中进行一次抽取 $\dot{\theta}$（$\dot{\mu}$，$\dot{\Sigma}$）就可以完成数据扩增算法的 P 步。将迭代次数不断增加，直至 T 次以后收敛，如此就产生了一次插补。再将前面的过程重复，直至产生 m 次插补，得到 m 个“完整”数据。

6.5.5 联合分布多重插补方法的模拟应用分析

下面模拟数据利用联合分布模型进行多重插补，再比较插补效果。对于多重插补，如果不关心数据本身，只关心数据的参数，譬如对一次农业经济调查，只关心家庭收入（万元）与柑橘种植面积（亩）、柑橘产量（千斤）、柑橘销售额（万元）、农药成本（万元）和化肥成本（万元）的回归关系。那么，模拟分析的基本思路为：事先设定这6个变量的均值向量和相关系数矩阵；根据均值向量和相关系数矩阵，利用多元正态分布产生6个变量的一个容量为100的样本，分别利用二项分布为每个变量随机挖空10%的观测，产生缺失值；对模拟缺失数据用联合分布模型进行多重插补；根据多重插补数据汇总计算家庭收入关于其他5个变量的回归方程的参数，然后跟真实值进行对比，评价插补效果。

（1）原始数据模拟。设定6个农业调查变量为来自一个均值为 μ=（7.6，4.3，5.2，6.4，0.5，0.6），相关系数矩阵为：

$$
\boldsymbol{R}=\begin{pmatrix}
1 & 0.58 & 0.61 & 0.54 & 0.72 & 0.73 \\
0.58 & 1 & 0.84 & 0.78 & 0.66 & 0.64 \\
0.61 & 0.84 & 1 & 0.88 & 0.72 & 0.67 \\
0.54 & 0.78 & 0.88 & 1 & 0.81 & 0.77 \\
0.72 & 0.66 & 0.72 & 0.81 & 1 & 0.88 \\
0.73 & 0.64 & 0.67 & 0.77 & 0.88 & 1
\end{pmatrix}
$$

的多元正态分布。现在该分布中随机产生一个容量为100的样本，其散点图矩阵显示在图6–5中。

图6–5的主对角图显示了6个变量的核密度曲线和多轴曲线，6个变量基本呈正态分布。从散点图来看，6个变量之间的相关关系明显，均呈正态分布；回归关系也明显，因为平滑拟合曲线（粗线）和线性拟合曲线（细线）大致重合。有些变量之间相关程度很高，比如柑橘产量和柑橘销售额、柑橘产量和柑橘种植面积、化肥成本和农药成本；有些变量之间的相关程

度较低，比如家庭收入和柑橘种植面积、家庭收入和产量；其他变量之间相关关系居中。

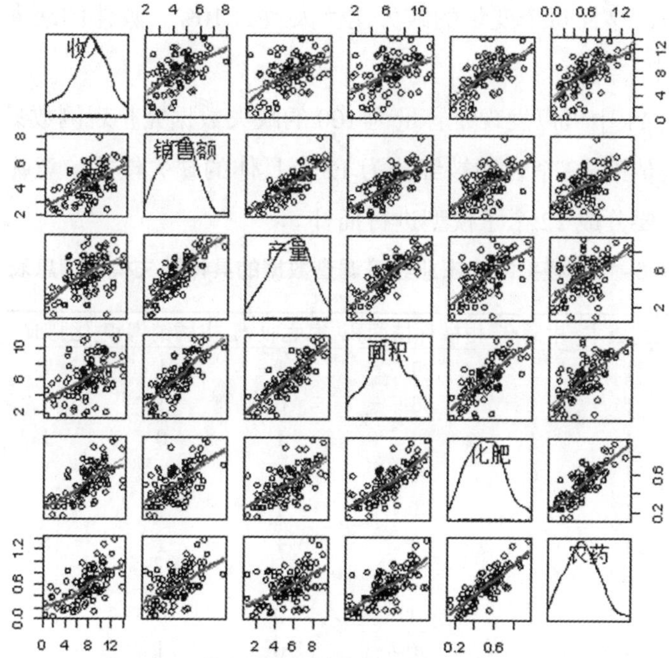

图 6-5　模拟农业经济调查数据的散点矩阵

进一步，计算样本 6 个变量的均值为：

$$\bar{x}=(7.617, 4.445, 5.275, 6.386, 0.4991, 0.5911)$$

而样本相关系数矩阵如表 6-10 所示。可以发现样本均值跟事先设定的总体均值基本接近，相关系数矩阵与总体相关系数矩阵有点差距，但还不算大，模拟效果基本令人满意。

表 6-10　模拟农业经济调查样本的相关系数矩阵

变量	家庭收入	柑橘销售额	柑橘产量	柑橘种植面积	化肥成本	农药成本
家庭收入	1.0000	0.5356	0.4877	0.4572	0.6514	0.6436
柑橘销售额	0.5356	1.0000	0.8396	0.7681	0.6072	0.5112
柑橘产量	0.4877	0.8396	1.0000	0.8489	0.6091	0.4889
柑橘种植面积	0.4572	0.7681	0.8489	1.0000	0.7508	0.6826
化肥成本	0.6514	0.6072	0.6091	0.7508	1.0000	0.8220
农药成本	0.6436	0.5112	0.4889	0.6826	0.8220	1.0000

（2）缺失数据模拟。对模拟样本的每一个变量，利用二项分布以90%的贝努利实验成功概率模拟产生缺失指示向量，对原始变量进行挖空产生缺失值，这样每个变量的缺失比例大致为10%。具体的缺失模式显示在表6-11中。

从表6-11中可以发现，容量为100的缺失数据完整观测数只有57个，其他含缺失值的43个观测被细分为12个具体的缺失模式，意味着在联合分布模型中要分成12个子模型进行插补。

表6-11 模拟缺失农业经济调查数据的具体缺失模式信息表

观测个数	农药成本	柑橘产	柑橘种植面积	家庭收入	柑橘销售额	化肥成本	缺失个数
57	1	1	1	1	1	1	0
5	1	1	1	0	1	1	1
7	1	1	1	1	0	1	1
7	1	0	1	1	1	1	1
6	1	1	0	1	1	1	1
8	1	1	1	1	1	0	1
3	0	1	1	1	1	1	1
2	1	1	1	0	0	1	2
1	1	1	0	0	1	1	2
1	1	1	1	0	1	0	2
1	1	1	1	1	0	0	2
1	1	0	1	1	1	0	2
1	1	1	0	1	1	0	2
合计	3	8	8	9	10	12	50

模拟缺失数据更多的缺失信息展示在图6-6中。图6-6分为两部分，左图显示的是各个变量中包含缺失值的个数，虽然事先设定每个变量的缺失比例是10%，但是经过随机化模拟以后各变量的缺失比重有高有低，并不完全为10%，缺失比重最高的是化肥成本，缺失比例为12%，最低的是农药成本，缺失比例只有3%，其他变量的缺失比重基本接近10%。

而图6-6的右图显示的是变量的具体缺失模式，基本等同于表6-11的图形化。由于是图形，我们可以近似看出各变量之间的缺失彼此是独立的。

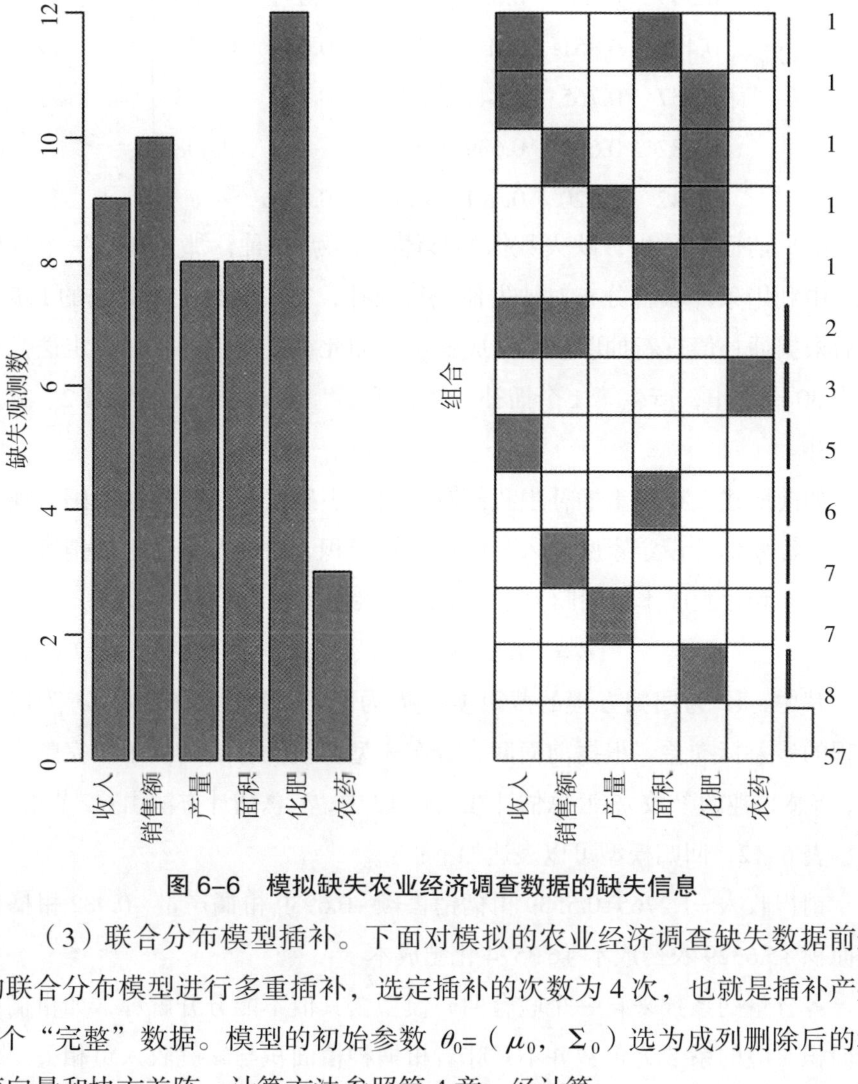

图 6–6 模拟缺失农业经济调查数据的缺失信息

（3）联合分布模型插补。下面对模拟的农业经济调查缺失数据前述的联合分布模型进行多重插补，选定插补的次数为 4 次，也就是插补产生 4 个“完整”数据。模型的初始参数 $\theta_0=(\mu_0, \Sigma_0)$ 选为成列删除后的均值向量和协方差阵，计算方法参照第 4 章。经计算：

$\mu_0=$（7.673626，4.41889，5.220652，6.416304，0.507727，0.582887）

$$\Sigma_0=\begin{pmatrix} 1 & 0.549 & 0.492 & 0.457 & 0.682 & 0.642 \\ 0.549 & 1 & 0.851 & 0.765 & 0.639 & 0.520 \\ 0.492 & 0.851 & 1 & 0.841 & 0.639 & 0.491 \\ 0.457 & 0.765 & 0.841 & 1 & 0.742 & 0.673 \\ 0.682 & 0.639 & 0.639 & 0.742 & 1 & 0.808 \\ 0.642 & 0.520 & 0.491 & 0.673 & 0.808 & 1 \end{pmatrix}$$

根据前面的分析，缺失数据的具体模式为 12 种，那么在每一个具体模式中利用条件联合分布对缺失值进行插补，完成数据扩增算法的 I 步，然后根据插补值重新抽取参数完成 P 步，如此重复迭代，我们设定迭代次数为 30 次中止，产生第 1 个插补。然后重复上述步骤依次产生第 2、3、4 个插补。

如前所述，在多重插补中我们对数据并不感兴趣，只对参数感兴趣。事先已经要估计设定家庭收入与柑橘种植面积、柑橘产量、柑橘销售额、农药成本和化肥成本的回归关系，所以感兴趣参数为：

$$\phi=(\alpha,\ \beta,\ \varepsilon) \tag{6-72}$$

其中，α 为回归方程的截距项，β 为回归方程的斜率项，ε 为回归方程的残差标准差。根据前面联合分布模型多重插补后的 4 个“完整”数据，将感兴趣的参数 ϕ 汇总估计在表 6–12 中，汇总估计方法由 6.2 节给出。根据表 6–12，回归模型可以表达如下：

销售收入 =1.2765+0.5539 柑橘销售额 +0.6939 柑橘产量 –0.982 柑橘种植面积 +5.6329 农药成本 +6.3574 化肥成本

各分量的系数来自一个联合回归模型，其值不能分开解释，如柑橘种植面积对应的系数为负数并不意味着柑橘种植面积与家庭收入负相关。重点关注估计量的检验，发现各个回归系数均有较小的 P 值，在双侧检验（原假设 H_0 为：$\beta=0$）下，除了柑橘销售额对应的系数（在 0.1 的显著水平下拒绝原假设）外，显著性程度都比较高。

表 6–12 联合分布多重插补后农业经济调查数据的回归系数的汇总估计

	估计	标准误差	t 值	Pr（>|t|）	显著程度
截距	1.2765	0.7858	1.624	0.10807	
柑橘销售额	0.5539	0.3302	1.677	0.09817	.
柑橘产量	0.6939	0.3046	2.278	0.03848	*
柑橘种植面积	–0.982	0.2445	–4.016	0.00134	**
农药成本	5.6329	1.6601	3.393	0.00461	**
化肥成本	6.3574	2.3136	2.748	0.00812	**

注：“.”表示在 0.1 的显著程度，“*”表示在 0.05 的显著程度，“**”表示在 0.01 的显著程度，“***”表示小于 0.001 的显著程度。

（4）比较分析。比较分析模拟农业经济调查数据经联合分布模型多重插补后汇总估计的效果。由于是模拟数据，数据缺失是挖空产生的，意味着可以用未挖空前的完整数据与之比较。表 6–13 显示了完整数据的一个回归分析，仍然以家庭收入作为目标变量，其他变量作为预测变量，该表结构与表 6–12 几乎一致，可以直接比较。发现插补数据的估计和完整数据的估计还是相当接近的，但是由于数据缺失造成的方差扩大，所以插补数据估计的参数标准差相对较大，由此降低 t 值，增加 P 值，使参数检验的显著程度下降。

表 6–13 完整农业经济调查样本的回归系数

	估计	标准误差	t 值	Pr（>|t|）	显著程度
截距	1.074	0.7943	1.353	0.179284	
柑橘销售额	0.6509	0.3115	2.09	0.03933	*
柑橘产量	0.5527	0.2409	2.295	0.023969	*
柑橘种植面积	–0.824	0.2006	–4.107	0.000854	***
农药成本	4.9081	1.2994	3.777	0.000278	***
化肥成本	6.1995	2.2169	2.797	0.006265	**

注：“.”表示在 0.1 的显著程度，“*”表示在 0.05 的显著程度，“**”表示在 0.01 的显著程度，“***”表示小于 0.001 的显著程度。

更进一步，将模拟农业经济调查缺失数据经联合分布模型多重插补后的汇总估计与成对删除后的回归估计做对比。成对删除后的回归估计展示在表 6–14 中，发现由于缺失是完全随机（MCAR），变量之间的缺失独立，因此成对删除后的回归估计也有良好的效果，与表 6–13 的真实估计相比，成列删除后的回归系数跟完整数据的回归系数也比较接近，从这点上看联合分布模型的多重插补似乎优势不大。但是再看估计量的检验，就会发现多重插补的优势是明显的，成对删除额外地删除一些有用的信息，使样本容量变小，造成估计量标准差变小，t 值变小，P 值变大，让估计量检验的显著性下降。从表 6–14 中可知，柑橘产量对应的系数在 0.1 的显著水平下未通过显著性检验，其他变量的 P 值也都显著大于联合分布多重插补后估计量检验的 P 值。

表 6–14　模拟农业经济调查缺失数据成对删除计算的回归系数

	估计	标准误差	t 值	Pr（>|t|）	显著程度
截距	1.3179	1.01	1.305	0.197828	
柑橘销售额	0.8358	0.4268	1.958	0.055677	.
柑橘产量	0.5037	0.327	1.54	0.129632	
柑橘种植面积	–0.9562	0.2613	–3.66	0.000599	***
农药成本	4.4172	1.8029	2.45	0.017759	*
化肥成本	6.5292	2.9448	2.217	0.031093	*

注：“.”表示在 0.1 的显著程度，“*”表示在 0.05 的显著程度，“**”表示在 0.01 的显著程度，“***”表示在 0.001 的显著程度。

6.6　多元正态模型下条件分布多重插补及模拟应用分析

6.6.1　多元正态模型下条件分布多重插补方法的假设

多元缺失模型下多重插补的另一个方法为条件分布法。条件分布法与联合分布法的最大区别是其不需要数据有一个多元联合分布，其基本思想是利用每一个含有缺失值的变量关于其他所有剩余变量的条件分布完成插补。当然，由于不是单一缺失，插补值之间仍然相互影响，因此也需要运用迭代算法，其迭代算法基于一种叫 Gibbs 抽样的计算方法。

多变量缺失下条件分布多重插补模型的假设与联合分布法不一样，其不需要数据具有联合分布，具体假设有：

（1）农业经济调查数据 $Y=(Y_1, Y_2, \cdots, Y_p)$ 的 p 个变量 $Y_j(j=1, 2, \cdots, p)$ 中，至少有两个变量存在缺失值，即数据的缺失模式是一般缺失。

（2）$Y_j(j=1, 2, \cdots, p)$ 的缺失跟本身无关，而只跟 $Y_{-j}(j=1, 2, \cdots, j-1, j+1, \cdots, p)$ 有关，即 Y 的缺失机制为随机缺失（MAR）。

（3）$Y=(Y_1, Y_2, \cdots, Y_p)$ 中的任意一个变量 Y_j 与其他 $p-1$ 个变量 Y_{-j}（$j=1, 2, \cdots, j-1, j+1, \cdots, p$）是线性关系，即：

$$Y_j=\beta_0+\beta_1Y_1+\beta_2Y_2+\cdots+\beta_{j-1}Y_{j-1}+\beta_{j+1}Y_{j+1}+\cdots+\beta_pY_p+\varepsilon \quad (6\text{–}73)$$

其中，ε 是残差项，服从正态分布，为一均值为 0 的白噪声。

6.6.2 条件分布多重插补方法的模型

条件分布模型也是一种马尔科夫链蒙特卡洛（MCMC）算法，属于 Gibbs 抽样的一种，跟联合分布法相比，运算步骤更少、运算难度更小。其基本算法是根据观测数据产生初始插补值，基于每个变量关于其他全部剩余变量的条件分布为每个变量单独插补：

$$Y_j^{mis} \sim P(Y_j|Y_j^{obs}, Y_{-j}, \theta_j) \quad (6\text{–}74)$$

最终完成整个数据的插补，然后根据上一次插补结果重新产生参数：

$$\theta_j \sim P(\theta_j|Y_j^{obs}, Y_{-j}) \quad (6\text{–}75)$$

如此反复迭代计算，直至结果收敛。

具体而言，$Y_j(j=1, 2, \cdots, p)$ 的观测部分和缺失部分分别为 Y_j^{obs} 和 Y_j^{mis}，作为初始值，所有的 $Y_j(j=1, 2, \cdots, p)$ 中，Y_j^{mis} 由 Y_j^{obs} 随机抽取产生，这样 Y_j 是 p 个“完整”的观测。基于 Gibbs 抽样的条件分布模型要完成两个随机抽取，第一个随机产生 Y_j 与其他 $p-1$ 个变量 $Y_{-j}(j=1, 2, \cdots, j-1, j+1, \cdots, p)$ 的条件分布的参数 θ_j。在线性假设下：

$$\theta_j=(\alpha_j, \beta_j, \varepsilon_j) \quad (6\text{–}76)$$

α_j，β_j，ε_j 分别为线性方程的截距、斜率和残差标准差。其中：

$$\beta_j=(\beta^1_j, \beta^2_j, \cdots, \beta_j^{j-1}, \beta_j^{j+1}, \cdots, \beta_j^p) \quad (6\text{–}77)$$

θ_j 的后验分布可从 Y_j^{obs} 关于 Y_{-j} 的条件分布中产生：

$$(\alpha_j,\ \beta_j,\ \varepsilon_j) \sim P(\alpha_j,\ \beta_j,\ \varepsilon_j | Y_j^{obs},\ Y_{-j}) \qquad (6\text{–}78)$$

$(\alpha_j,\ \beta_j,\ \varepsilon_j)$ 可由 Y_j^{obs} 回归于 Y_{-j} 对应的“完整”部分获得。然后根据式 6–76 抽取产生 Y_j 关于 Y_{-j} 的条件方程的参数：

$$\dot{\theta}_j(\dot{\alpha}_j,\ \dot{\beta}_j,\ \dot{\varepsilon}_j) \qquad (6\text{–}79)$$

根据参数，就可以建立 Y_j 回归关于 Y_{-j} 的条件分布方程：

$$Y_j=\dot{\alpha}_j+\dot{\beta}^1_jY_1+\dot{\beta}^2_jY_2+\cdots+\dot{\beta}_j^{j-1}Y_{j-1}+\dot{\beta}_j^{j+1}{}_jY_{j+1}+\cdots+\dot{\beta}_j^pY_p+\varepsilon \qquad (6\text{–}80)$$

然后从式 6–78 的分布中随机抽取完成对的插补。将 p 个都按照上述方法插补后又产生一个“完整数据”，然后又可以进行第二次 Gibbs 抽样，如此反复迭代，直至收敛，就可以产生第 1 个插补数据，重复上述过程 m 次就可以产生 m 个插补数据。

在条件分布模型中，收敛速度是比较快的，因此不需要太大的迭代次数，一般将迭代次数设为 10 ～ 20 次，就已经能达到相当好的效果了（van Buuren，2012）。

6.6.3 条件分布多重插补方法的模拟应用分析

下面利用 6.5 节的模拟数据采取条件分布模型进行多重插补，再比较插补效果。我们只关心参数，不关心数据，同时仍然关注设定家庭收入与柑橘种植面积、柑橘产量、柑橘销售额、农药成本和化肥成本的回归关系，所以感兴趣参数仍为 $\phi=(\alpha,\ \beta,\ \varepsilon)$。

（1）条件分布模型插补。根据前述方法，将模拟缺失的农业经济调查数据中 6 个变量的缺失部分用非缺失部分随机抽取插补，产生初始值；然后每个变量的观测部分回归于其他 5 个“完整”变量，产生方程系数和残差构建后验分布，从该分布中抽取参数；根据参数重新构建每个变量的条件方程，然后随机抽取产生插补值；迭代运算 20 次产生第 1 个插补；重复上述过程，产生第 2、3、4、5 个插补，最终得到 5 个“完整”数据。

然后根据 6.2 节所提供的方法，对 5 个“完整”数据汇总估计，估计结果展示在表 6–15 中。

表 6–15 条件分布多重插补后农业经济调查数据的回归系数的汇总估计

	估计	标准误差	t 值	Pr(>|t|)	显著程度
截距	0.9645	0.8456	1.1406	0.26463	
柑橘销售额	0.7198	0.3790	1.8992	0.07067	
柑橘产量	0.6281	0.2601	2.4148	0.01936	*
柑橘种植面积	−0.9786	0.1897	−5.1583	0.00000	***
农药成本	6.6822	2.3367	2.8597	0.00610	**
化肥成本	5.2991	1.3792	3.8422	0.00031	***

注："." 表示在 0.1 的显著程度，"*" 表示在 0.05 的显著程度，"**" 表示在 0.01 的显著程度，"***" 表示在 0.001 的显著程度。

（2）比较分析。将表 6–15 的结果跟表 6–13 完整数据的估计结果相比发现，条件分布在参数的点估计上不占优势，其参数的估计与真值偏差较大，但尚属可容忍范围。但是根据条件分布模型插补后汇总的估计在检验上却非常显著，其中出现两个系数：柑橘种植面积和化肥成本对应的系数在 0.001 的显著水平下拒绝原假设，这点甚至超过完整数据的检验显著程度。

6.7 结论与讨论

多重插补是对单一插补的一个修正。基于观测数据的良好后验分布，可以为农业经济调查缺失数据插入合理的插补值，让缺失数据"完整"，然后就可以利用传统数据分析方法描述这个"完整"数据，并对这个数据进行分析。但是用单一插补数据对总体参数进行估计检验时都有一个共同问题，低估总体差异，而因总体差异被低估使估计检验结果不准确，表现在使置信区间更窄、检验显著性更大。

多重插补就是解决这个问题的一个有效的方案。它的基本逻辑就是对同一缺失值插入多个插补值，这样形成多个"完整"数据，然后利用多个"完整"数据进行估计检验，最后把单独的估计检验结果汇总成单一结果。这样做的目的是，可以利用同一缺失值不同插补值之间的差异弥补单一插补对总体差异的低估。

多重插补还解决了另外一个问题，就是单一插补是基于单一缺失的数据模型，而多重插补可以对一般缺失的数据进行插补。在农业调查缺失数据中，一般缺失是更常见的缺失模式。

对于一元正态模型下的多重插补，可以看成对单一插补的简单推广，就是将单一插补的次数增加。但更进一步，可以让插补模型的参数也随机产生，这样就进一步弥补了总体差异的低估。这类方法有两个：贝叶斯法和 Bootstrap 法。

贝叶斯一元正态线性多重插补模型基于两个假设：正态和线性。在这个假设下，结合观测数据，我们就可以得到一元正态线性模型参数的后验分布，然后利用这个后验分布随机抽取就可以产生插补模型的参数。Bootstrap 一元正态线性模型的假设跟前者一样，但其方法是对观测数据重抽样，从不同的 Bootstrap 样本中产生用以插补的一元正态线性模型的参数。经模拟分析发现，两者的结果类似，但估计检验效果和准确性均超过单一插补模型。

多元正态插补模型是基于一般缺失的农业经济调查数据，但绝不是一元正态模型的简单推广。对于一个多变量随机缺失的数据，最大的问题是如何迭代计算以为缺失值填入合理值。两种迭代算法被广为应用：联合分布和条件分布法。

多元正态联合分布插补模型的假设是缺失变量之间有一个联合分布，然后就可以将缺失数据分成具体的缺失类型，在每一个类型中借助后验联合条件分布，用观测值完成对缺失值的插补。但是单次插补的结合显然是不稳定的，因为不同的插补值直接互相影响，于是要用迭代算法模拟计算，直到得到稳定的结果。联合模型所用的是一种叫数据扩增（DA）的迭代算法，是一种 MCMC 方法，基本思路是从后验联合分布中产生插补值，又用插补值去重新估计联合分布的参数，如此反复迭代，直至结果稳定。重复上述过程，直到得到 m 个插补值。

多元正态条件分布插补模型的假设是每个变量有一个基于其他剩余变量的条件。它的基本思想是利用每一个变量基于其他剩余变量的后验条件分布为自身缺失值进行插补。当然，单次插补也是不稳定的，同样地，插补值之间互相影响，所以也要用迭代算法。条件分布模型的迭代算法是基于 Gibbs 抽样，也是 MCMC 的一种，基本思路是从条件分布参数基于插补值的后验分布中随机抽取产生分布参数，从后验条件分布中随机抽取产生插补值，如此反复迭代，直至收敛。重复上述过程，直到得到 m 个插补值。对模拟的农业经济调查数据利用两种方法插补后有很好的估计检验效果，而且两者之间区别不大。

显然，多重插补是一个较单一插补更好的插补模型，特别是针对一般缺失模型。不过需要注意的是，由于多重插补产生多个“完整”数据，所以对数据的展示已经没有意义。有意义的只有根据多重插补后形成的估计检验结果。

7 农业经济调查数据缺失值处理的实例应用分析

本研究是一个偏重于理论的研究，所以在之前各章的研究中没有运用实际农业经济调查数据分析，而是利用了模拟农业经济调查数据分析。这是因为从理论研究的角度，模拟数据显然比实际数据更有效果。因为模拟数据完全符合模型的假设和条件，而且可以事先知道缺失值的真值，这也就可以很好地验证模型的效果，并且很好地对不同模型的缺失值插补效果进行比较。而实际数据是否符合模型需要的假设成疑，而且不可能知道缺失值的真值。因此，对实际缺失数据的处理是一种应用分析，也就是说用实际缺失数据的处理结果比较不同缺失值处理模型和方法是困难的。

7.1 数据缺失信息描述

7.1.1 数据介绍

全国柑橘生产成本与收益调查问卷

国家柑橘产业技术研发中心产业经济研究室

调查时间:________ 调查人姓名: ________

业主（户主）姓名: ________ 编号: ________

联系电话: ________ 身份证号码: ________

一、农户基本信息（调查时的上年度的数据）

1. 您家属于____省（市）___县（区）______乡（镇）______村（组）

2. 您的年龄__岁，文化程度是：A小学以下；B小学；C初中；D高中；E中专以上。

3. 您家共有___口人，家中劳动力人口__人，非劳动人口__人，从事农业生产的__人，外出打工___人。

4. 您家有没有人从事非农业项目：A有 B没有；如果有，是（1）___行业，年均收入__元；（2）_____行业，年均收入____元；(3)_____行业，年均收入____元。（4）外出打工年均收入____元。

5. 您家上年度总收入________元，有无节余？ A有____； B刚刚够用；C欠了债_____元。

6. 您家共有耕地（不包括果园）_____亩；其中种植粮食_____亩；灌溉条件：A 方便；B不方便；您家是否还转包村集体或他人的土地：A是，共___亩，承包费为___元/年；B否。

二、农户果园基本信息（调查时的上两个年度的数据，_____、_____两个年度分别记入下表）

柑橘品种	锦橙	开始栽种年份		2006年	当时面积（亩）	680亩		当时总株数	25840株	
项目	柑橘果园总面积（亩）			果树总株数		产量（公斤/年）			总产值（元）	
_____年度										
_____年度										
树龄株数	1年生		2年生		3年生		4年生		5年生上	
最高收购价格（元/公斤）	____年		最低价格（元/公斤）		____年		平均价格（元/公斤）	____年		
	____年				____年			____年		
承包或转包他人果园面积（亩）		哪年开始承包或转包的？			承包转包期多少年？		总承包费（元）			
							年均承包费（元）			
自家有经营权果园面积（亩）		哪年开始承包的？			承包期多少年？		总折租（元）			
							年均折租（元）			

三、农户果园生产成本实地调查

（调查时的上两个年度的数据，____、____两个年度分别记入下表）

第一部分、物质费用调查

项 目 名 称	单位	调查说明	_____年	_____年

图 7–1 柑橘种植户成本收益调查问卷部分截图

作为本研究的一个实际应用，本章对来自实际农业经济调查的一个缺失数据进行处理分析。该数据为国家现代农业产业技术体系（柑橘）团队的研究人员于 2016 年 1 月至 12 月在中国柑橘主产区（湖北、湖南、广东、广西、江西、浙江、四川、重庆、福建等），针对各品种柑橘种植户进行的柑橘成本收益调查。调查方式是对柑橘种植户的入户访问调查，样本来自各柑橘主产区的柑橘产业管理人员对各品种柑橘的典型种植区中农户的筛选。问卷以开放式问题为主，主要围绕柑橘种植户柑橘种植的成本和收益展开调查，部分问卷的截图见图 7–1。

7.1.2 数据整理

对调查问卷中各个问题的回答进行汇总就得到了原始数据，本次调查最核心部分的数据为柑橘种植户的成本收益数据，部分数据展示在附录 4 中。这部分数据由 58 个变量和 193 个观测构成，其中有两个变量是分类变量（省份和柑橘品种），其他均为数量型变量。原始数据还是很粗糙的，进一步的数据整理是必要的。

（1）区分缺失值和无意义值。无意义值是指问卷中的有些问题对特定农户是无意义的。譬如问柑橘种植户杀虫灯的费用，很多种植户根本没用杀虫灯，所以也就不回答，这个问题的答案为空白。事实上无意义值很好处理，填上 0 即可，调查人员在调查过程中就可以处理了，这样不会和缺失值混淆。遗憾的是本研究的无意义值并未事先处理，所以整理数据的第一步就是把这两者区分开来，将无意义值赋值为“0”，而缺失值赋值为“NA”，赋值为“NA”是方便在 R 中操作。

（2）检查被调查者的明显虚假回答，作缺失值处理。有些敏感性问题，被调查者虽未拒绝回答，但会给出虚假回答。虚假回答作为调查中的非抽样误差存在，是不可避免和无法控制的，但是我们可以鉴定其中的一些明显虚假回答，然后将其作为缺失值处理。比如回答柑橘平均销售价格为 0.02 元明显是虚假的，而回答柑橘总产值时答案是 200.8 元也是明显虚假的（结合前面产量数据），都可以当作缺失值处理。

（3）检查调查人员的明显记录错误，作缺失值处理。记录错误是由于调查人员疏忽造成的，对于明显的错误一样作为缺失值处理。比如柑橘平均销售价格出现“3468.2”，显然是记录错误，可作为缺失值处理。

（4）有些变量是通过子项汇总而得的，但是子项中有缺失，就没有汇总，在本研究中姑且当作缺失值处理。

（5）处理函数关系值。有些变量之间是确定的函数关系，比如在既定的柑橘产量下，柑橘产值和平均销售价格，通常需要通过产值去反推平均销售价格，可以通过这种关系把相关数据补齐。这也意味着这两个变量之间的缺失是同步的，产值的缺失也就意味着平均销售价格的缺失。

（5）为本研究筛选变量。经上述整理，原始数据全部填充进数值，再无空白，然后筛选部分变量作为本研究缺失处理的案例分析。筛选原则是尽量选择无意义值少的变量，以及对成本收益研究起关键作用的变量。鉴于此，本研究选了本次调查的13个变量作为案例分析，分别为：化肥费、农药费、直接生产费用、销售费用、间接生产费用、生长期间管理费用、果实采摘费用、人工成本、总产量、总产值、平均销售价格、生产总成本、净产值。变量的解释可以参考该体系的相关资料，由于与本研究关系不大，不作赘述。由这12个变量构成的部分数据见表7-1，为了分析方便，进一步将变量名简化。

表 7-1　筛选的 12 个变量的部分数据

序号	1	2	3	4	5	6	7
化肥费	300.0	80.0	NA	304.4	142.0	380.8	412.1
农药费	90.0	105.0	NA	106.7	69.1	213.3	135.8
直接费用	628.3	415.0	NA	449.1	244.9	651.5	610.3
销售费用	16.7	2.0	30.5	31.0	12.1	50.0	78.8
间接费用	73.3	62.0	NA	41.8	24.5	65.0	100.6
管理费用	577.5	412.4	53.8	95.2	45.5	116.7	48.5
采摘费用	210.0	155.0	20.3	71.4	36.4	70.0	181.8
人工成本	1204.2	440.0	NA	257.1	126.1	269.3	321.2
总产量	2000.0	1100.0	2289.2	452.4	287.9	1680.0	1000.0
总产值	6000.0	3850.0	NA	1583.3	978.8	5376.0	3600.0
价格	3.0	3.5	6.0	3.4	3.4	3.2	3.6
总成本	2105.8	1534.4	1889.0	768.0	415.5	1005.8	1052.1

资料来源：国家现代农业产业技术体系（柑橘）。

7.1.3 缺失信息描述

根据前面整理的资料中筛选的 12 个变量，进一步分析它们的数据缺失情况，各个变量的缺失信息汇总在表 7–2 中。

表 7–2 各变量的缺失信息

变量	缺失数	观测数	缺失比例（%）
化肥费	3	190	1.55
农药费	6	187	3.11
直接费用	15	178	7.77
销售费用	38	155	19.69
间接费用	19	174	9.84
管理费用	14	179	7.25
采摘费用	26	167	13.47
人工成本	41	152	21.24
总产量	0	193	0.00
总产值	22	171	11.40
价格	22	176	11.40
总成本	18	175	9.33

从表 7–2 中可以发现，总的来看，各个变量的缺失比例还不算高。其中有 1 个完整变量，那就是总产量；有 2 个变量缺失比例非常低，那就是化肥费和农药费；7 个变量缺失比例居中，分别是直接费用、间接费用、管理费用、总产值、价格、总成本、采摘成本；2 个变量缺失比例偏高，分别是销售费用和人工成本，其中最高的人工成本缺失比例达到 21.24%。

更进一步，我们观察 12 个变量的具体缺失模式，参见表 7–3。从表 7–3 中可以发现，由这 12 个变量组成的数据中，总缺失值个数是 226 个，有 116 个是完整观测的，意味着如果采用成列删除可以保留 116 个完整观测。其他的 77 个单元都存在缺失值，具体的缺失模式又有 23 个，意味着在多元插补模型中需要用到 23 个具体联合条件分布方程才能完成插补。

表 7–3　各变量的具体缺失模式

合计	总产量	化肥费	农药费	管理费用	直接费用	总成本	间接费用	总产值	价格	采摘费用	销售费用	人工成本	合计
116	1	1	1	1	1	1	1	1	1	1	1	1	0
2	1	1	1	1	0	1	1	1	1	1	1	1	1
12	1	1	1	1	1	1	1	1	1	1	0	1	1
4	1	1	1	1	1	1	0	1	1	1	1	1	1
1	1	1	0	1	0	1	1	1	1	1	1	1	2
3	1	1	1	1	0	1	1	1	1	1	0	1	2
7	1	1	1	1	1	1	0	1	1	1	0	1	2
1	1	1	1	1	0	1	1	1	1	1	1	0	2
2	1	1	1	1	1	1	1	0	0	1	1	1	2
4	1	1	1	1	1	0	1	1	1	1	1	0	2
1	1	0	0	1	0	1	1	1	1	1	1	1	3
3	1	1	1	1	0	1	0	1	1	1	0	1	3
1	1	1	0	1	1	1	1	1	1	1	0	0	3
7	1	1	1	0	1	1	1	1	1	0	1	0	3
2	1	1	1	1	1	1	1	0	0	1	1	0	3
1	1	0	0	1	0	1	1	1	1	1	0	1	4
4	1	1	1	0	1	1	1	1	1	0	0	0	4
2	1	1	1	1	1	1	1	0	0	1	0	0	4
2	1	1	1	1	1	0	1	0	0	1	1	0	4
3	1	1	1	0	1	1	0	1	1	0	0	0	5
1	1	1	1	1	0	1	1	0	0	1	0	0	5
12	1	1	1	1	1	0	1	0	0	0	1	0	5
1	1	0	0	1	0	1	0	0	0	1	1	0	7
1	1	1	0	1	0	1	0	0	0	1	0	0	7
合计	0	3	6	14	15	18	19	23	23	26	38	41	226

然后将其中的 7 个较为典型的变量抽出，将它们的缺失信息绘制在图 7–2 中。该图分为两部分，左边部分是 7 个变量的缺失观测个数，缺失最多的是人工成本，最少的是直接费用；右边是具体的缺失模式，在这 7 个变量中完整观测数为 128 个，剩下的 71 个单元的缺失模式被分为 14 种。特别地，从图中可以看出价格和总产值的缺失是同步的，因为在产量已知的情况下两者是函数关系。

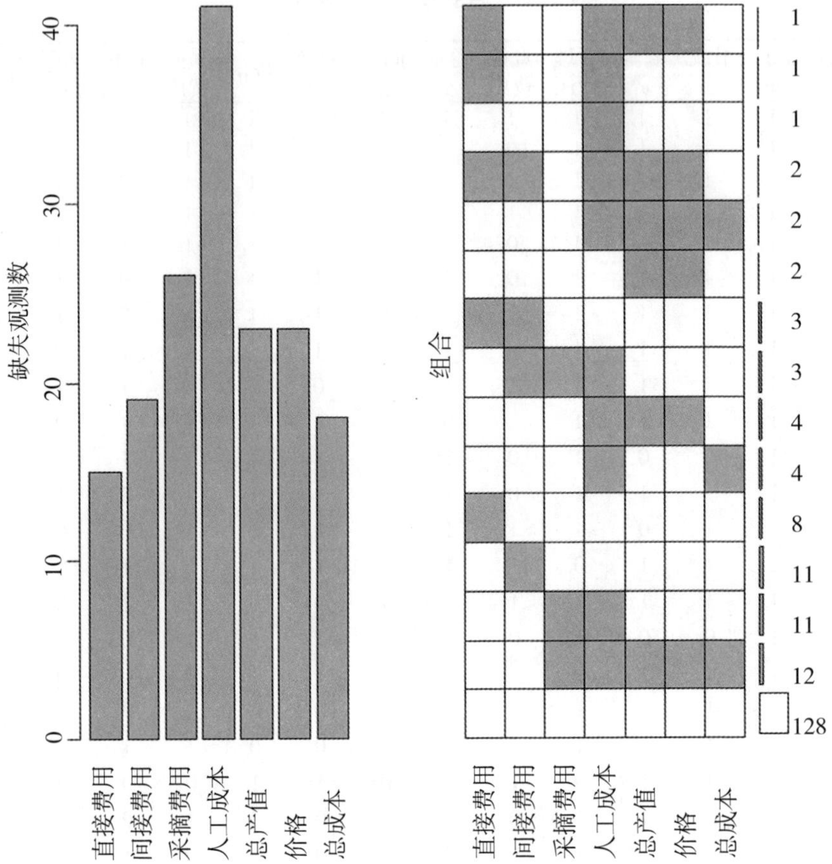

图 7–2　7 个典型变量的缺失信息

7.2　单一缺失数据处理

7.2.1　目标变量和辅助变量选择

在本节中，使用单一缺失模式的模型来处理上述 12 个变量组成的缺失数据。单一缺失模式要求缺失变量只有 1 个，我们可以将含缺失值的变量单独依据完整观测的变量来处理，比如可以对总产值单独插补。

接下来的工作就是为其寻找完整观测的辅助变量，现在完整观测的变量只有一个总产量，为了提高准确度，我们再把缺失比例很低的两个变量（化肥费和农药费）加进来。从定性的角度，我们相信更高的化肥费、农药费和产量能导致更高的产值。化肥费和农药费为数不多的几个缺失值用随机插补补上。插补效果如图 7–3，"×"表示从相应变量的完整观测数据中产生的简单随机插补值。

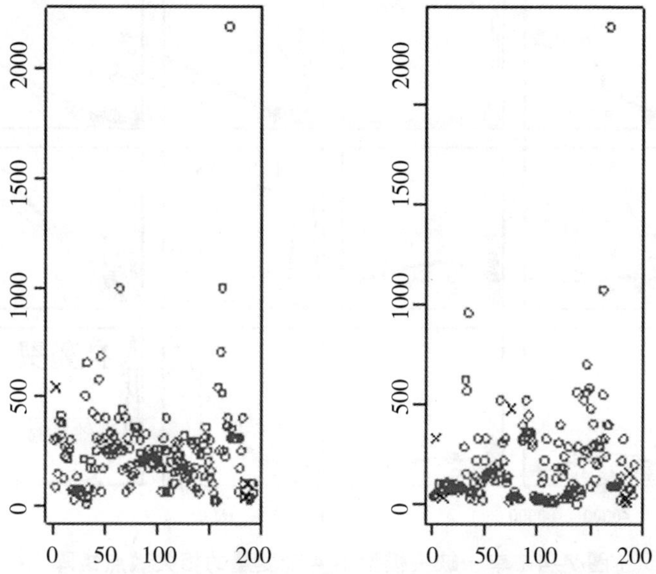

图 7–3　化肥费和农药费的随机插补

从图 7–3 中可以发现，随机插补效果良好。现在再考察一下目标缺失变量总产值和 3 个辅助变量（产量、化肥费、农药费）之间的后验相关关系，将由 4 个变量组成的缺失数据成列删除，为其绘制的相关散点图矩阵图如图 7–4 所示。从该相关散点图矩阵中，可以发现由于各个变量均有极端值存在的情况（该调查中存在柑橘种植大户单元），所以各变量的分布及相关关系均遭不同程度的破坏。但撇开这些极端值观察，从该图的对角线上可以看出 4 个变量基本呈正态分布。从该矩阵的对角元素看，各变量之间的相关关系较为明显，从趋势曲线和平滑曲线的重合度看，总产量和总产值直接相关程度最高，化肥费和农药费、化肥费和产量直接的相关程度也比较高。因此，利用这个数据对总产值的缺失值进行插补应该有一定的效果。

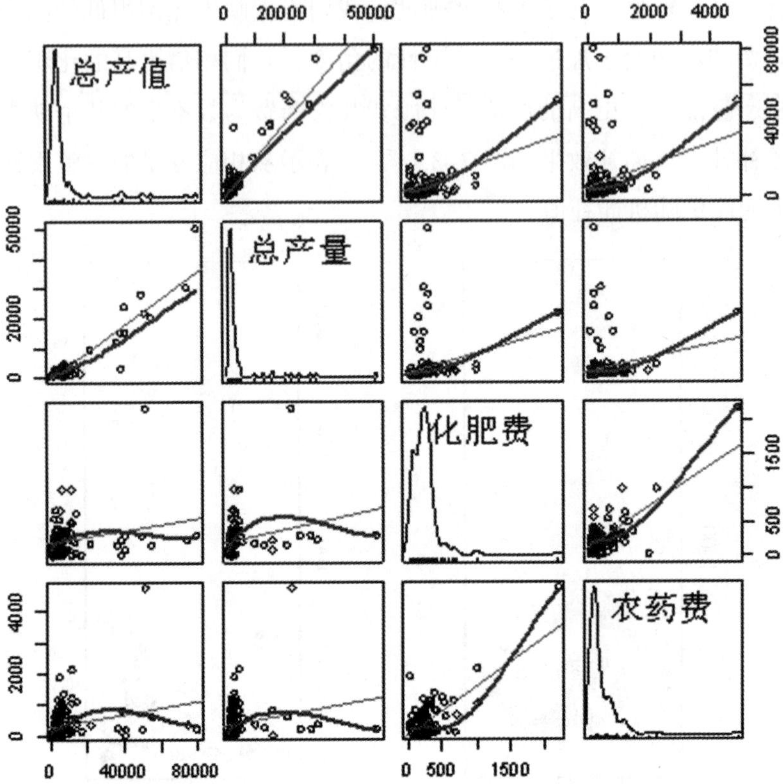

图 7–4 单一缺失模型中 4 个变量的相关散点矩阵

7.2.2 单一插补分析

先采用单一插补模型，对总产值的缺失数据进行插补，具体的插补方法有：随机插补、随机平均插补和随机回归插补，作为对比加入成列删除。插补结果如图 7–5 所示，“×”表示插补值。从图 7–5 的插补结果来看，三种插补方法均未从极端值中产生插补值，插补值分布在主体数据中。目测的结果，随机插补的插补值最为集中，回归插补的插补值最为离散，均值插补的插补值居中。跟主体数据相比，均值插补和回归插补的插补值有点过于离散，产生这个问题的主要原因是原始数据存在极端值，扩大了数据的方差和回归残差。

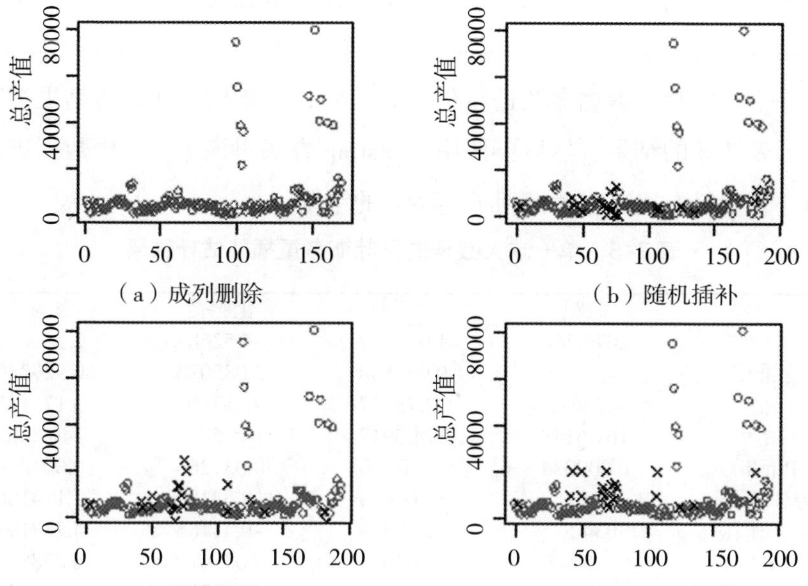

（a）成列删除　（b）随机插补　（c）平均插补　（d）回归插补

图 7-5　单一插补结果的散点示意

进一步，利用三种单一插补方法插补过的结果协同成列删除，以“完整”数据为基础，对总产值的均值进行区间估计，估计结果列在表 7-4 中。

表 7-4　单一缺失数据的贝叶斯多重插补估计结果

	均值	标准差	95% 置信下限	95% 置信上限	区间宽度
成列删除	7169.40	11896.43	5368.2	8970.6	3602.4
随机插补	6877.86	11249.41	5280.7	8475.0	3194.3
平均插补	6992.70	11462.05	5365.4	8620.0	3254.7
回归插补	7688.21	11385.62	6071.7	9304.7	3233.0

7.2.3　多重插补分析

采用一元多重插补模型为总产值变量的缺失值插入多个插补值，并汇总估计，采用的具体方法是贝叶斯法和 Bootstrap 法。需要提醒的是，多重插补返回的数据意义不大，也无法很好地展示，因为多重插补主要是为了最终的参数估计。

现在假设只关心总产值关于总产量、化肥费和农药费的回归关系。根据一元多重插补模型，先选择贝叶斯方法对该单一缺失数据进行多重插补，对每一个“完整”数据参数进行估计和检验，再将估计和检验结果汇总就形成了表 7–5 的结果。然后再使用 Bootstrap 方法对该单一缺失数据进行多重插补，重复上述过程就得到了表 7–6 的结果。

表 7–5 单一缺失数据的贝叶斯多重插补估计结果

	截距	总产量	化肥费	农药费
估计	2074.366	1.922829	–4.52687	2.950651
标准误	486.243	0.058648	2.085078	0.929289
t 值	4.26611	32.78617	–2.17108	3.175171
自由度	161.6148	174.3917	175.6987	146.4862
Pr(>|t|)	0.000034	0	0.031266	0.001826
95% 下限	1114.157	1.807079	–8.64189	1.114106
95% 上限	3034.575	2.038579	–0.41185	4.787197
fmi	0.05941	0.0408	0.038618	0.078825
lambda 值	0.047842	0.029862	0.027737	0.066333

表 7–6 单一缺失数据的 Bootstrap 多重插补估计结果

	截距	总产量	化肥费	农药费
估计	2066.001	1.930528	–4.30521	2.858459
标准误	486.5731	0.060459	2.068227	0.910024
t 值	4.246024	31.931110	–2.0816	3.141081
自由度	134.3212	105.1882000	164.0695	152.8521
Pr(>|t|)	0.00004	0.000000	0.038932	0.002021
95% 下限	1103.665	1.810651	–8.38899	1.06061
95% 上限	3028.337	2.050404	–0.22144	4.656307
fmi	0.094103	0.133764	0.056086	0.0708
lambda 值	0.080714	0.117448	0.044649	0.05872

通过表 7–5 和表 7–6 的比较，可发现这两种多重插补方法对实际数据的插补效果几乎差不多，结果之间的差异也很小。从两个模型的分析结果来看，总产值和总产量、化肥费以及农药费直接的回归关系显著，P 值全部小于 0.05。特别是总产值和总产量直接的回归系数的检验 P 值接近 0。这很好理解，如果不同品种直接的价格差异不是特别大的话，总产量和总产值直接的相关程度是非常高的。此外，农药费对应系数的检验P值也很小。值得注意的是化肥费对应的回归系数为负，这并不意味着化肥费和总产值

直接呈负相关，回归系数是依据整体模型估计的，涉及多元共线性影响，单独拿出来没有参考意义。

此外，还可以从两张表的 fmi 比例以及 Lambda 值看出，由于总产值缺失的比例不高，因此缺失数据为回归模型造成的额外方差比重并不算高。

7.3 一般缺失数据处理

7.3.1 联合分布多重插补分析

将含缺失值的变量放在一起插补，此时数据缺失模式为一般缺失模式。正如前文所言，对多重插补的插补值展示没有意义，因为其不产生单一插补值，所以重点关注插补后的估计。为了简化回归模型，将总产值作为回归目标变量，然后将筛选的 12 个变量中与其相关程度较低的去掉，明显共线性的变量筛掉，这样剩下 5 个预测变量，分别为化肥费、农药费、总成本、总产值、销售费用。利用这个多元缺失数据进行多重插补，最后汇总估计总产值关于化肥费、农药费、总成本、总产值以及销售费用直接的回归关系。

首先采用联合分布模型对该数据进行插补，联合分布模型需要将数据分为具体缺失类型分开插补，总共 6 个变量的具体缺失模式如表 7–7，其中完整观测是 130 个，剩余 63 个含缺失值的单元总共被划分为 11 个类型。然后根据 11 个联合条件分布分别给数据插补缺失值，运用数据扩增（DA）算法得到稳定插补值，重复 5 次得到 5 个“完整”数据。再根据 5 个“完整”数据进行标准回归分析，最后将 5 个分析结果再汇总，形成的最终结果展示在表 7–8 中。

表 7–7　多变量缺失数据的具体缺失模式

合计	总产量	化肥费	农药费	总成本	总产值	销售费用	合计
130	1	1	1	1	1	1	0
1	1	1	0	1	1	1	1
32	1	1	1	1	1	0	1
4	1	1	1	1	0	1	1
4	1	1	1	0	1	1	1
1	1	0	0	1	1	1	2

续表

合计	总产量	化肥费	农药费	总成本	总产值	销售费用	合计
1	1	1	0	1	1	0	2
3	1	1	1	1	0	0	2
14	1	1	1	0	0	1	2
1	1	0	0	1	1	0	3
1	1	0	0	1	0	1	3
1	1	1	0	1	0	0	3
合计	0	3	6	18	23	38	88

表 7–8　多元缺失模型下的联合分布多重插补估计结果

	估计	标准误差	t 值	Pr（>|t|）	显著性
截距	719.8393	471.4822	1.527	0.12881	
总产量	0.9156	0.1258	7.277	0.00000	***
化肥费	–2.1376	1.9545	–1.094	0.27637	
农药费	2.6462	0.8059	3.283	0.00125	**
销售费用	–3.4284	6.4123	–0.535	0.60647	
总成本	0.9789	0.1107	8.847	0.00000	***

注：“.”表示在 0.1 的显著程度，“*”表示在 0.05 的显著程度，“**”表示在 0.01 的显著程度，“***”表示在 0.001 的显著程度。

根据表 7–8，在所有的预测变量中，有 3 个变量对应的回归系数检验是显著的，分别是总产量、农药费和总成本；2 个变量对应的回归系数检验不显著，分别是化肥费和销售费用，特别是销售费用，其对应回归系数的检验 P 值高达 0.6。

7.3.2　条件分布多重插补分析

下面采用条件分布模型对该数据进行插补。每一个含缺失值的变量关于剩余变量的后验条件通过分布方程获得，利用剩余变量为目标缺失变量插补缺失值，再用 Gibbs 抽样迭代得到稳定插补值，重复 5 次得到 5 个“完整”数据。再根据 5 个“完整”数据进行标准回归分析，最后将 5 个分析结果再汇总，形成的最终结果展示在表 7–9 中。

表 7–9　多元缺失模型下的联合分布多重插补估计结果

	截距	总产量	化肥费	农药费	销售费用	总成本
估计	730.031	1.00814	–2.3273	2.85454	–0.1830	0.9160
标准误差	624.037	0.14282	1.9652	0.83540	5.9745	0.1515
t 值	1.170	7.05884	–1.1842	3.41698	–0.0306	6.0479
自由度	20.134	16.23255	158.6279	165.44891	12.5464	8.8177
Pr（>|t|）	0.256	0.00000	0.2381	0.00080	0.9760	0.0002
95% 下限	–571.131	0.70573	–6.2086	1.20512	–13.1377	0.5723
95% 上限	2031.193	1.31055	1.5541	4.50395	12.7716	1.2597
fmi	0.453	0.51022	0.0550	0.04429	0.5832	0.6905
lambda 值	0.402	0.45337	0.0432	0.03281	0.5216	0.6274

根据表 7–9 可以发现，根据条件分布模型多重插补后汇总的回归估计结果与联合分布模型结果基本类似，也显示在所有的预测变量中，总产量、农药费和总成本对应的回归系数检验显著，而化肥费和销售费用对应的回归系数检验不显著，但销售费用对应回归系数的检验 P 值更高，达到 0.97，意味着该回归模型中完全不需要该预测变量。

7.4　结论和讨论

本章跟之前各章不同，是应用性研究。力求将本研究中所涉及的大部分缺失值处理的模型和方法都运用到实际农业经济调查缺失数据的处理中，以观察效果。

跟完全符合模型假设的模拟农业调查数据不同，实际数据往往意味着还有其他非缺失问题干扰，所以必须预先予以处理。比如将无意义值填补为“0”，将农业研究人员的明显错误的记录删掉，将农户明显的虚假回答删掉，都作为缺失值处理。

实际数据还有一个明显的干扰——极端值。极端值的存在会使数据分布明显右偏（或左偏），然后峰度增加，这样让数据偏离正态分布假设。极端值还有一个问题，即破坏数据的位置描述、尺度描述以及变量间的相关关系描述，而缺失值的插补是基于这些描述统计量构造的后验分布的，因此极端值存在还会破坏插补效果。也许在插补前应该对极端值作处理，但删除极端值又是很可惜的，因为往往极端值应给予特殊关注，比如在本案例中极端值为柑橘种植大户造成的，而柑橘种植大户恰恰是调查的重点，怎么忍心删除其数据？

由于不是模拟数据，实际数据的缺失值真的就是缺失了，我们永远不知道真值是多少。这就意味着，我们无法评价不同插补模型下不同插补方法的效果，我们只能根据之前各章理论分析的结果，来大致预计多重插补的效果会好于单一插补，单一插补又会好于成列删除。当然，这些结论都是基于实际数据是不是符合各个插补模型和方法的假设的，而要判断实际数据是不是符合假设是困难的。

由于多重插补的数据不容易展示，我们将单一插补的结果展示在图 7–5 中，从该图中我们发现了一个与之前理论分析相悖的结论。一般认为随机插补的插补值会比较离散，但在本例中得到恰恰相反的结果，我们发现随机插补的插补值比均值插补和回归插补都更稳健。如前所述，这是由极端值引起的，因此在存在极端值的情况下基于热平台插补的方法可能会比基于明显条件分布模型的插补方法更有效率。

8 结论和建议

本研究在充分参考国内外关于缺失值处理的理论和方法以及农业经济调查的缺失值处理问题的相关文献的基础上，再结合农业经济调查的特点和数据缺失的原因，较为系统地提出了一套关于农业经济调查缺失值处理的模型和方法体系。本书是一个更偏重于理论的研究，更强调从理论分析的角度去阐述农业经济调查缺失值处理的模型和方法，然后在验证这些模型和方法的时候更多地采用基于假设模拟的农业经济调查数据，从中得到结论。当然在最后，本书也做了一个实例应用分析，那就是将本研究中的模型和方法应用到实际农业经济调查缺失数据的处理中。

8.1 结论

8.1.1 关于农业经济调查特点的结论

农业经济调查较之其他调查，诸如市场调查、民意调查，是个很特殊的调查。比如农业调查采用的是古老的人员访问方法而不是先进的电话调查和网络调查，随机性比较差，但是对于缺失值问题来说也具有一些优点，比如缺失比例较低、能获得较多辅助信息等，这些为农业经济调查缺失值处理的模型假设和构建提供了重要的参考。

结合农业经济调查的特点和数据缺失的原因，提出本研究特定的假设条件：调查数据来自一个正态总体；调查数据是随机获得的；变量类型以数量变量为主；数据的缺失模式是单一缺失和一般缺失；数据的缺失机制是完全随机缺失（MCAR）和随机缺失（MAR）。

基于这些基本假设，本研究针对农业经济调查数据的缺失值处理构建一套较系统的模型和方法。这套模型包含了一个完整的逻辑体系，分为三个模型：删除模型、单一插补模型和多重插补模型，每一个模型又包括很多具体的方法。

8.1.2 关于删除的结论

本研究的基本逻辑是，根据假设和条件提出一个模型，在这个模型中提出基本方法，利用理论分析和模拟分析找出其缺陷，然后提出新的方法；如果假设和条件改变，则使用新的模型，为新的模型寻求方法并分析改进。

删除是缺失值处理最基本、最简单的模型。成列删除是将农业经济调查缺失数据中含缺失值的所有个案删掉，留下完整个案用于传统数据分析的方法，是在没有任何缺失值理论指导的情况下，首先会被想到的处理农业经济调查缺失数据的方法，也是数据分析软件所默认的方法。成列删除会造成数据的损失，本书模拟研究发现，成列删除中数据的删除比例不仅取决于变量的缺失比重，也取决于变量的数目，当变量个数很多时，再小的缺失比重，数据的删除比例也是惊人的。在完全随机缺失（MCAR）的假设下，成列删除后的数据可以看成完整数据的简单随机样本，因此有很好的效果，特别是在缺失比重很低的时候。但当缺失比重高了以后，通过理论分析发现成列删除会降低估计检验的精度，让估计的置信区间过宽或让检验统计量显著性下降。

成对删除是指根据可用数据来估计参数用于进一步数据分析的方法，这样不需要像成列删除那样删除过多的信息，但是不能得到完整数据，只能得到参数估计。成对删除的主要问题是其参数估计不是来自同一个样本空间，所以根据成对删除的参数估计方法充满争议，此外还容易产生非正定的协方差阵。进一步的模拟对比分析发现，成对删除对数据相关关系的估计准确性并没有显著超过成列删除。

在非完全随机缺失假设下，无论哪种删除方法其估计都是有偏的，可以结合辅助信息将农业缺失数据分层，然后在各层中计算完整观测的均值，通过加权调整获得较为无偏的参数估计。模拟分析发现在随机缺失下，基于辅助变量分层的加权调整均值是无偏的，而不调整的均值是有偏的。

删除并非完全不可取，在既定假设下当数据的缺失比例很低时删除方法有很好的效果。此外，删除方法虽然会引致信息丢失，但也没有像插补方法一样为数据加入信息，因此也就不用承担加入信息严重失真的风险。此外，成列删除还有两个作用，一是承担着为插补方法提供后验分布，二是连同成对删除为一般缺失模式下的农业调查缺失数据的多重插补迭代算法提供初始值。

8.1.3 关于单一插补的结论

单一插补模型是指结合农业经济调查缺失数据的观测部分的后验分布为缺失值填补一个带有预测性的值。

均值插补是最基本的单一插补方法。简单均值插补是指用缺失数据的观测部分的均值作为缺失部分的插补值。但简单均值插补会让插补值明显集中于数据的中心位置，理论分析发现其会对总体方差系统性低估，进一步模拟分析还发现，其明显低估数据的相关关系。随机平均插补就是在简单平均插补的基础上加入随机干扰项，来解决简单均值插补的插补值过于集中的问题。分层均值插补就是借助辅助信息将目标缺失变量分层，然后在各层中利用完整观测的均值作为该层的缺失值的插补值，这样可以解决简单平均插补和随机平均插补在非完全随机缺失（MCAR）下的估计有偏问题。

回归插补一般被认为是最好的单一插补方法。简单回归插补是指根据辅助变量的完整数据代入农业经济调查缺失数据后验分布模型计算得到的回归值作为目标变量的缺失值的插补。简单回归插补带有预测性，效果会好于均值插补，但理论分析发现其仍然低估总体方差。在简单回归插补的基础上加入随机残差项，这就是随机回归插补，可以很好地弥补简单回归插补值仍低估总体方差的问题。既定假设的模拟分析中，回归插补的效果会好于平均插补，随机平均插补的效果又好于简单平均插补，在这些基于明确后验分布模型的插补方法中，随机回归插补效果是最好的，而简单平均插补不是一个值得推荐的插补方法。

热平台方法是指利用观测数据产生缺失数据的插补值的，简单随机插补就是直接从观测值中简单随机抽样产生缺失值的插补，分层随机插补是先将目标缺失变量按照辅助变量分层，然后在各层的完整观测值中随机产生插补值，用最近距离法根据辅助变量找到缺失值的最近距离的观测值用以插补。热平台插补的一个显著优势是其插补值来自观测值，这样就不会像平均插补和回归插补一样产生不合理值和异常值。而且模拟研究发现，在完全随机缺失（MCAR）下，基于热平台的随机插补效果明显好于均值插补。

从研究者的心理接受角度，显然单一插补是一种比删除更好的缺失值处理方法，因为纵使再小的缺失比例，调查人员也不愿意删除信息。不过，插补值毕竟是一种基于模拟的虚拟值，它为数据加入了额外信息，所以在插补时需谨慎使用，力求插补模型的准确性，以防插补值造成太大的额外误差。

8.1.4 关于多重插补的结论

多重插补是指对同一缺失值插入多个插补值，这样形成 m 个“完整”数据，然后分别对 m 个“完整”数据进行估计检验，最后把 m 个估计检验结果汇总成单一结果。其目的是，可以利用同一缺失值不同插补值之间的差异弥补单一插补对估计值差异的低估。多重插补既可以在单一缺失模型下完成插补，也可以在多元缺失模型下完成插补。

对于一元正态模型下的多重插补，不仅仅是单一插补的简单推广，还在单一回归插补的基础上，让插补模型的参数也随机产生，这样进一步弥补估计量方差的低估。让插补模型参数随机产生的方法有两个：贝叶斯法和 Bootstrap 法；贝叶斯法是从基于完整观测数据得到的一元正态线性模型参数的后验分布中随机抽取产生插补模型的参数；Bootstrap 法是从完整观测数据中产生不同的 Bootstrap 样本，然后用 Bootstrap 样本产生用以插补的一元正态线性模型的参数。经模拟分析发现，两种方法插补后的结果类似，而且准确度接近真实估计，说明经过这两个方法的插补能有效解决单一插补对估计量方差的低估。

多元正态插补模型是一个更有应用基础的插补模型，因为农业经济调查数据中一般缺失模式是更常见的。多元模型跟一元模型不一样，需要用到迭代算法，因为在多元缺失模型下插补值、模型参数之间互相影响，只有通过迭代运算才能产生稳定的插补值。两种迭代算法广为应用：联合分布法和条件分布法。联合分布法是将缺失数据分成具体的缺失类型，在每一个类型中借助后验联合条件分布，利用数据扩增（DA）的迭代算法，用观测值完成对缺失值的 m 次插补；条件分布法是利用每一个变量基于其他剩余变量的后验条件分布采取 Gibbs 抽样迭代算法为自身缺失值进行 m 次插补。将两种多元插补方法运用在模拟的农业经济调查数据中都发现有很好的估计检验效果，而且两者之间差别并不大。

由于多重插补产生多个"完整"数据，其数据意义不大，有意义的只有根据多重插补后形成的估计检验结果。插补方法还有一个问题需要注意，即插补中用到了大量的随机处理方法，其结果便不再唯一。

8.1.5 关于实际应用分析的结论

如果检验实际数据基本符合假设，那么就可以利用本研究提供的模型和方法对实际农业经济调查缺失数据进行插补。虽然我们永远不知道缺失值的真值，但比较实际数据的观测值和插补值，发现缺失值的插补方法有较好的应用效果。不过，实际数据的应用分析还有一个问题需引起注意，那就是极端值，极端值的存在会破坏数据后验分布的位置、尺度、形态，这样基于后验分布的插补模型的插补效果会大打折扣，此时基于热平台插补的方法可能会更稳健、更有效果。

8.2 建议

缺失值给农业经济调查带来了额外的麻烦和误差，所以对待缺失值的一个基本态度是尽量用一些科学的方法减少它的产生，但实在无可避免，那就用科学的方法处理它。根据本研究，给农业经济调查研究人员对农业调查中的缺失值处理从两个阶段给出建议，一是在处理缺失数据前的建议，二是处理缺失数据中的建议。

8.2.1 处理缺失数据前的建议

对于缺失值，一个理想的想法是不要让它产生，把它扼杀在摇篮中。当然，完全避免是不可能的，但良好的调查设计及调查安排可以尽量降低其产生的可能性。

（1）在调查前通过良好的问卷设计减少缺失值的产生。缺失值主要是由农户无回答造成的，良好的调查问卷设计可以减少这种无回答。以下关于调查问卷设计的建议可能是有益于减少缺失值的：第一，减少问卷的问题数量，一个好的问卷应该是根据研究目的设计的，其基本思路是由研究目的决定需要哪些变量，然后把变量改成问题，这样做的目的是尽量少问无关问题，减少农户的回答时间；第二，尽量将变量解释清晰，比如对于收入这个变量，一定要解释清楚是一个家庭一年的总收入；第三，问题表述尽量简单易理解，不让人误解。

（2）在调查中通过与农户良好的沟通减少缺失值的产生。以下几点建议对在调查过程中减少数据缺失可能是有益的：第一，在调查前做好准备工作，如提前联系农户、提前考察调查路线等；第二，加强对调查人员的培训，比如问卷的熟悉、逻辑控制、访问技巧的培训；第三，在调查中做到与农户良好沟通，尽量用通俗易懂的语言将调查问题解释清楚。

（3）在调查中及时处理无意义值，以免跟缺失值混淆。调查人员是一线工作人员，最清楚哪些是无意义值、哪些是缺失值，所以由他们来处理无意义值是最恰当的。比如问农户燃油费用，如果农户回答“我没有燃油费用”，这是无意义值，应该迅速填上 0，如果农户回答“我忘了”，则作为缺失值处理。但是如果调查人员没有及时处理，而是将问题答案空在那，在后期处理上研究人员就无法辨别是无意义值还是缺失值。

（4）不要用不科学的方法消除缺失值。无论做多大的努力，缺失值始终是无法避免的。缺失值是如此之麻烦，有些农业经济调查研究人员会想办法消除它，比如对不愿回答的农户给予诱导性提示或无依据地随手填补缺失值，这绝不是正确的研究态度和方法，而且对研究造成比缺失值更大的不良影响，因为一个明显错误值还不如不要。要知道，对缺失值的科学处理虽然不能达到不缺失的效果，但其效果绝对比随手填补一个值好。

8.2.2 处理缺失数据中的建议

如果缺失值已经产生了，那么接下来就是处理问题了，一个科学的缺失值处理能为研究的准确性提供很好的帮助。

（1）直面缺失值问题。反正在农业调查中缺失值是无可避免的，不如正视它，使用科学的缺失值处理模型和方法将其处理掉。这样做至少有两个好处：其一，能让你的研究更准确；其二，在研究报告中写出缺失值处理过程和结果，不仅能证明研究的严谨性，而且能为研究添色不少。

（2）哪怕缺失比重再低也不要删除缺失值。虽然理论上删除方法在缺失比重很低时是可行的，但是从心理上始终难以接受，除非遇到完全无效的记录。最简单的插补，比如随机插补，都是一个从心理上较删除更好的方法。在这个问题上，必须提醒农业经济调查研究人员，很多数据分析软件是默认删除缺失值的，所以在数据分析之前检查有无缺失值是必要的。

（3）善于利用分类变量处理缺失值。本研究由于偏重理论分析，所以缺少对分类变量的研究，是个遗憾。分类变量其实是很有用的，它可以有效地为缺失数据分类，让数据的插补工作在各类中完成。譬如，如果将柑橘种植户按照柑橘品种分类插补，由于不同品种柑橘的价格、成本、管理过程差异很大，但在同一品种内差异却相对较小，如果分类插补会有很好的效果。

（3）插补前多对农业经济调查数据进行描述考察。插补是处理农业经济调查缺失数据的一个更好的方法，但插补前对数据的考察是必要的，否则适得其反。拿到含缺失值的数据后，成列删除余下完整观测，利用完整观测进行如下几个考察是极为必要的：第一，单个变量的分布形态，可以用直方图、核密度图等来考察是不是正态分布；第二，相关关系监测，可以用相关矩阵图对各个变量之间的相关关系进行检查；第三，看有没有极端值，这个可以为每个变量绘制散点图来观察。当然可以用描述统计来代替，比如计算均值、房产、偏度、峰度、相关系数等，但图形永远都是最直观的。

（4）如果使用单一插补模型，尽量选择回归插补。如果需要一个“完整”数据进行展示，单一插补是必要的。虽然有众多的单一插补方法，但回归插补是最合理的一种，拥有很好的插补效果。如果对数据的考察结果是基本符合回归插补模型的假设，那么回归插补几乎是不二选择。不过回归插补后，要对插补值进行考察，看有没有异常值，如果有则再插补一次直到得到满意的结果。当然，如果对完整数据的考察结果是数据偏离模型假设太多，那么热平台插补也许是个更好、更稳健的方法。均值插补，特别是简单均值插补是最不推荐的插补方法。

（5）更多情况下多重插补是更好的选择。除非要对数据进行展示，否则多重插补都是更值得推荐的，哪怕是在单一缺失模式下。因为多重插补在估计和检验上较之单一插补有很大的优势。如果面对一个一般缺失的数据，用多重插补不仅直接，而且准确性更高。除非数据中的缺失值分布太过离谱，否则使用本研究中的两个多元插补模型均能达到较好的效果。说它直接，是指不用将数据里的变量单独抽出插补，直接将含有缺失值的数据整理成标准数据结构，就可以一次性完成所有变量的缺失值插补。

参考文献

[1] 蔡宪杰，苏新宏，郭三党．现代烟草农业背景下烟农的意愿和行为特征［J］．中国烟草学报，2010，16（1）：76.

[2] 曹昆，王成璋．我国农户入户调查数据预处理及在农户收入模型中的应用［J］．世界科技研究与发展，2011，33（3）：511–513.

[3] 曹阳．居民健康调查资料中的缺失数据的多重估算［J］．中国卫生统计，2002，19（5）：280–282

[4] 曾莉，辛涛，张淑梅．2PL 模型的两种马尔可夫蒙特卡洛缺失数据处理方法比较［J］．心理学报，2009（3）：276–282.

[5] 陈传钟，汪文俊，缪光美．基于缺失值的海南旅游总收入的季节 ARIMA 模型及预测［J］．海南师范大学学报：自然科学版，2014，27（1）：1–6.

[6] 陈光平．基于时间序列数据特性的缺失值估计算法［J］．计算机工程和应用，2012，48（12）.

[7] 陈森．试验缺失数值的估计方法［J］．云南林业调查规划，1992（3）：2–12.

[8] 陈爽，宋金玉，刁兴春，等．基于关系马尔可夫模型的枚举型缺失值估计［J］．上海交通大学学报，2013，47（8）：1246–1250.

[9] 龚辉锋．牛顿搜索算法在处理缺失值中的应用［J］．统计与决策，2011（24）：155–159.

[10]洪永泰.抽样调查中样本代表性的问题[J].调查研究，1996，1：7–37.

[11]胡隽，曹显兵.随机缺失数据下的时间序列分析建模［J］.数学的实践与认识，2014（20）：248–252.

[12]胡一帆.基于数据挖掘技术的河北省农村小康满意度调查分析［D］.河北经贸大学，2014

[13]花琳琳，施念，杨永利，等.不同缺失值处理方法对随机缺失数据处理效果的比较［J］.郑州大学学报：医学版，2012，47（3）：315–318.

[14]黄耀华，唐欣然，王杨，等.诊断试验缺失值处理方法的比较研究及应用［J］.中国卫生统计，2013，30（4）：490–492.

[15]蒋晨阳，张云飞，李鑫.基于时空相关性的连续缺失值填补算法[J].计算机与现代化，2016（9）：6–9.

[16]金勇进.缺失数据的插补调整[J].数理统计与管理，2001，20(6)：47–53.

[17]金勇进.调查中的数据缺失及处理（I）——缺失数据及其影响［J］.数理统计与管理，2001，20（1）：59–62.

[18]金勇进.统计调查中的缺失数据及补救［J］.统计研究，1996（1）：39–44.

[19]金勇进.处理缺失数据中辅助信息的利用[J].统计研究，1998（1）：43–45.

[20]金勇进，邵军.缺失数据的统计处理［M］.中国统计出版社，2009.

[21]乐章.农民土地流转意愿及解释——基于十省份千户农民调查数据的实证分析［J］.农业经济问题，2010（2）：64–70.

[22]冷泳林，张清辰，鲁富宇.基于 AP 聚类的不完整大数据填充［J］.计算机工程与应用，2015（10）：123–127.

[23]李杰，张晓玲.随机试验设计中缺失值插补方法研究［J］.大理学院学报：综合版，2013，12（10）：1–5.

[24]李璐.基于 R 语言的缺失值填补方法[J].统计与决策，2012（17）：

72–74.

[25] 李强，毛学峰，张涛. 农民工汇款的决策、数量与用途分析 [J]. 中国农村观察，2008，3（2）：2–12.

[26] 李英华，刘妍，秦永松. 缺失数据下线性模型中缺失值处理方法的比较 [J]. 廣西科學，2009，16（4）：400–402，413.

[27] 廖加强，刘俊阳，张菊英. 基于 Bootstrap 抽样的 EM 估计缺失数据多重填补方法在公共卫生调查数据中的应用及其 R 实现 [J]. 现代预防医学，2014，1：3.

[28] 刘凤芹. 基于链式方程的收入变量缺失值的多重插补 [J]. 统计研究，2009，26（1）：71–77.

[29] 刘鹏，雷蕾，张雪凤. 缺失数据处理方法的比较研究 [J]. 计算机科学，2004，31（10）：155–156.

[30] 刘强，薛留根. 缺失数据下线性 EV 模型中参数的经验似然置信域 [J]. 数学的实践与认识，2008，38（24）：147–151.

[31] 刘星毅，檀大耀，曾春华，等. 基于马氏距离的缺失数据填充算法 [J]. 微计算机信息，2010（9）：225–226.

[32] 刘银萍. 具部分缺失数据两个指数总体的估计和检验 [J]. 吉林大学学报：埋学版，2002，40（3）：255–257.

[33] 吕涛. 市场调查中样本数据缺失值问题研究 [J]. 商场现代化，2014（12）：70–71.

[34] 马跃渊，徐勇勇，郭秀娥，等. 有缺失数据的生物等效性评价的 MCMC 方法 [J]. 中国卫生统计，2004，21（4）：207–208.

[35] 孟杰，李春林. 基于随机森林模型的分类数据缺失值插补 [J]. 统计与信息论坛，2014，29（9）：86–90.

[36] 潘立强，李建中，骆吉洲. 传感器网络中一种基于时 – 空相关性的缺失值估计算法 [J]. 计算机学报，2010，33（1）：1–11.

[37] 庞新生. 多重插补处理缺失数据方法的理论基础探析 [J]. 统计与决策，2005（2）：12–14.

［38］庞新生．分层随机抽样条件下缺失数据的多重插补方法［J］．统计与信息论坛，2009，24（5）：19–21.

［39］庞新生，李萌．多重插补方法中插补模型的比较［J］．统计与决策，2015（9）：82–84.

［40］庞新生．缺失数据处理中相关问题的探讨［J］．统计与信息论坛，2004，19（5）：29–32.

［41］乔珠峰，田凤占，黄厚宽，等．缺失数据处理方法的比较研究［J］．计算机研究与发展，2008（11）：171–175.

［42］史倩玉，梁吉业，赵兴旺．一种不完备混合数据集成聚类算法［J］．计算机研究与发展，2016，53（9）：1979–1989.

［43］帅平，李晓松，周晓华，等．缺失数据统计处理方法的研究进展［J］．中国卫生统计，2013（1）：135–139.

［44］苏毅娟．基于灰色关联分析的缺失值重复填补方法［J］．计算机工程与应用，2009，45（15）：169–172.

［45］唐健元，杨志敏，杨进波，等．临床研究中缺失值的类型和处理方法研究［J］．中国卫生统计，2011，28（3）：338–341.

［46］唐小强．缺失值文献综述［J］．现代商贸工业，2012，24（23）：224–224.

［47］王怡，周力．运用 Gibbs 抽样解决数据缺失［J］．统计与决策，2011（12）：155–156.

［48］温铁军，郎晓娟，郑风田．中国农村社会稳定状况及其特征：基于 100 村 1765 户的调查分析［J］．管理世界，2011，3：68–76.

［49］吴秋红，张丕德，周国茂，等．多重填补法和多水平模型在纵向随访数据中的应用［J］．中华疾病控制杂志，2016，20（7）：729–733.

［50］武瑞仙，邓子兵，谯治蛟，等．利用 Monte Carlo 技术模拟研究不同缺失值处理方法对完全随机缺失数据的处理效果［J］．中国卫生统计，2015，32（3）：534–536.

[51] 徐晓岭. 定数截尾缺失数据下 Weibull 分布的统计推断 [J]. 数理统计与应用概率，1997，4：363-370.

[52] 杨军，赵宇，丁文兴. 抽样调查中缺失数据的插补方法 [J]. 数理統計與管理，2008，27（5）：821-832.

[53] 于力超，金勇进，王俊. 缺失数据插补方法探讨——基于最近邻插补法和关联规则法 [J]. 统计与信息论坛，2015，30（1）：35-40.

[54] 岳勇，田考聪. 数据缺失及其填补方法综述 [J]. 预防医学情报杂志，2005，21（6）：683-685.

[55] 张国毅，宋德亮，王长宇，等. 相位差变化率定位法中缺失值精确填补研究 [J]. 吉林大学学报：信息科学版，2010（1）：20-26.

[56] 张建国. 农业补贴在精准扶贫中的作用研究——基于全国 18 个贫困村 564 户的实地调查 [J]. 江汉大学学报（社会科学版），2016，33（5）：54-60.

[57] 赵富强. 顾客满意度测评中的缺失值处理方法 [J]. 统计与决策，2013（6）：73-74.

[58] 赵志文，王思洋，王瑞庭，等. 定时截尾下具有部分缺失数据两个指数总体参数的估计与检验 [J]. 吉林大学学报（理学版），2009，47（1）：26-30.

[59] 郑术蓉，史宁中，郭建华. 含缺失数据线性模型的线性不等式约束 EM 算法 [J]. 中国科学：A 辑，2005，35（2）：231-240.

[60] 朱庆伟，周祺超，孙学阳. 基于 EM 的岩移观测数据缺失的估算方法 [J]. 煤炭技术，2016（5）：114-116.

[61] 郝鼎玖，许大文. 农村土地抛荒问题的调查与分析 [J]. 农业经济问题，2000（12）：10-13.

[62] 邹莉玲，吴娟丽，李党. 多重填补法在任意缺失随访资料中的应用 [J]. 中国卫生统计，2015，32（2）：221-223.

[63] Afifi A A，Elashoff R M. Missing observations in multivariate statistics I. Review of the literature [J]. Journal of the American Statistical

Association, 1966, 61 (315) : 595-604.

[64] Allison P D. Estimation of linear models with incomplete data [J] . Sociological methodology, 1987, 17 (1) : 71-103.

[65] Allison P D. Missing data: Quantitative applications in the social sciences[J]. British Journal of Mathematical and Statistical Psychology, 2002, 55(1): 193-196.

[66] Allison P D. Missing data [J] . Thousand Oaks Ca Sage Quantitative Applications in the Social Sciences, 2002, 17 (9) :285 - 314.

[67] Allison P D. Multiple Imputation for Missing Data: A Cautionary Tale [J]. SAGE Quantitative Research Methods, 2011: 259.

[68] Andridge R R, Little R J A. A review of hot deck imputation for survey non - response [J] . International statistical review, 2010, 78 (1) : 40-64.

[69] Archer K J, Lemeshow S. Goodness-of-fit test for a logistic regression model fitted using survey sample data [J] . Stata Journal, 2006, 6 (1) : 97-105.

[70] Bańbura M, Modugno M. Maximum likelihood estimation of factor models on datasets with arbitrary pattern of missing data [J] . Journal of Applied Econometrics, 2014, 29 (1) : 133-160.

[71] Bartlett J W, Seaman S R, White I R, et al. Multiple imputation of covariates by fully conditional specification: accommodating the substantive model [J] . Statistical Methods in Medical Research, 2015, 24 (4) : 462-487.

[72] Bartlett M S. An introduction to stochastic processes: with special reference to methods and applications [M] . CUP Archive, 1978.

[73] Bartlett M S. Some examples of statistical methods of research in agriculture and applied biology [J] . Supplement to the Journal of the Royal Statistical Society, 1937, 4 (2) : 137-183.

[74] Beale E M L, Little R J A. Missing values in multivariate analysis [J] . Journal of the Royal Statistical Society. Series B (Methodological), 1975: 129–145.

[75] Benedetti, Piersimoni. Agricultural survey methods [M] . John Wiley & Sons, 2010.

[76] Box G E P, Jenkins G M, Reinsel G C, et al. Time series analysis: forecasting and control [M] . John Wiley & Sons, 2015.

[77] Box M J, Draper N R, Hunter W G. Missing values in multiresponse nonlinear model fitting [J] . Technometrics, 1970, 12 (3): 613–620.

[78] Buck S F. A method of estimation of missing values in multivariate data suitable for use with an electronic computer [J] . Journal of the Royal Statistical Society. Series B (Methodological), 1960: 302–306.

[79] Chapman D W. A survey of nonresponse imputation procedures [C] //American Statistical Association Proceedings, Section on Survey Research Methods. 1976.

[80] Chevret S, Seaman S, Resche–Rigon M. Multiple imputation: a mature approach to dealing with missing data [J] . Intensive care medicine, 2015, 41 (2): 348.

[81] Chu Y J, Han S, Shyr J Y, et al. Missing value imputation for predictive models: U.S. Patent 9, 443, 194 [P] . 2016–9–13.

[82] Collins L M, Schafer J L, Kam C M. A comparison of inclusive and restrictive strategies in modern missing data procedures [J] . Psychological methods, 2001, 6 (4): 330.

[83] Cotter J, Davies C, Nealon J, et al. Area frame design for agricultural surveys [M] . John Wiley & Sons, Ltd, 2010.

[84] De Leeuw E D. Reducing missing data in surveys: An overview of methods [J] . Quality & Quantity, 2001, 35 (2): 147–160.

[85] Dempster A P, Laird N M, Rubin D B. Maximum likelihood from incomplete data via the EM algorithm [J]. Journal of the royal statistical society. Series B (methodological), 1977: 1-38.

[86] Dempster A P. A generalization of Bayesian inference [M] //Classic works of the dempster-shafer theory of belief functions. Springer Berlin Heidelberg, 2008: 73-104.

[87] Dillman D A, Eltinge J L, Groves R M, et al. Survey nonresponse in design, data collection, and analysis[J]. Survey nonresponse, 2002: 3-26.

[88] Donner A, Rosner B. Missing value problems in multiple linear regression with two independent variables [J]. Communications in Statistics-Theory and Methods, 1982, 11 (2): 127-140.

[89] Drapery N R. Missing values in response surface designs [J]. Technometrics, 1961, 3 (3): 389-398.

[91] Efron B, Tibshirani R J. An introduction to the bootstrap [M]. CRC press, 1994.

[91] Efron B. Bootstrap methods: Another look at the jackknife [M] //Breakthroughs in Statistics. Springer New York, 1992: 569-593.

[92] Efron B. The jackknife, the bootstrap and other resampling plans [M]. Society for industrial and applied mathematics, 1982.

[93] Enders C K, Mistler S A, Keller B T. Multilevel multiple imputation: A review and evaluation of joint modeling and chained equations imputation [J]. Psychological methods, 2016, 21 (2): 222.

[94] Enders C K. Applied missing data analysis [M]. Guilford Press, 2010.

[95] Engels J M, Diehr P. Imputation of missing longitudinal data: a comparison of methods [J]. Journal of clinical epidemiology, 2003, 56 (10): 968-976.

[96] Fay R E, Herriot R A. Estimates of income for small places: an application of James-Stein procedures to census data [J]. Journal of the

American Statistical Association，1979，74（366a）：269–277.

[97] Fay R E. A design–based perspective on missing data variance [C] // Proceedings of the 1991 Annual Research Conference，US Bureau of the census. 1991，429：440.

[98] Fay R E. Alternative paradigms for the analysis of imputed survey data [J]. Journal of the American Statistical Association，1996，91（434）：490–498.

[99] Fay R E. Causal models for patterns of nonresponse [J]. Journal of the American Statistical Association，1986，81（394）：354–365.

[100] Gallego J，Delincé J. The European Land Use and Cover Area - Frame Statistical Survey [J]. Agricultural survey methods，2010：149–168.

[101] Gelman A，Carlin J B，Stern H S，et al. Bayesian data analysis [M]. Boca Raton，FL，USA：Chapman & Hall/CRC，2014.

[102] Gelman A，Meng X L，Stern H. Posterior predictive assessment of model fitness via realized discrepancies [J]. Statistica sinica，1996：733–760.

[103] Gelman A，Meng X L. Simulating normalizing constants：From importance sampling to bridge sampling to path sampling [J]. Statistical science，1998：163–185.

[104] Gelman A，Rubin D B. Inference from iterative simulation using multiple sequences [J]. Statistical science，1992：457–472.

[105] Gomez K A，Gomez A A. Statistical procedures for agricultural research [M]. John Wiley & Sons，1984.

[106] Goodstein R L. Missing value theorems [J]. The Mathematical Gazette，1949，33（303）：19–25.

[107] Graham J W，Hofer S M，Donaldson S I，et al. Analysis with missing data in prevention research [J]. The science of prevention：Methodological advances from alcohol and substance abuse research，

1997，1：325-366.

[108] Graham J W，Hofer S M，MacKinnon D P. Maximizing the usefulness of data obtained with planned missing value patterns：An application of maximum likelihood procedures [J] . Multivariate Behavioral Research，1996，31（2）：197-218.

[109] Graham J W，Schafer J L. On the performance of multiple imputation for multivariate data with small sample size [J] . Statistical strategies for small sample research，1999，50：1-27.

[110] Graham J W. Missing data analysis：Making it work in the real world [J] . Annual review of psychology，2009，60：549-576.

[111] Graham J W. Missing data theory [M] //Missing Data. Springer New York，2012：3-46.

[112] Grittner U，Gmel G，Ripatti S，et al. Missing value imputation in longitudinal measures of alcohol consumption [J] . International journal of methods in psychiatric research，2011，20（1）：50-61.

[113] Hansen M H，Hurwitz W N，Madow W G. Sample survey methods and theory [M] . New York：Wiley，1953.

[114] Heitjan D F，Rubin D B. Ignorability and coarse data [J] . The annals of statistics，1991：2244-2253.

[115] Herzog T N，Rubin D B. Using multiple imputations to handle nonresponse in sample surveys [J] . Incomplete data in sample surveys，1983，2：209-245.

[116] Hirabayashi S，Kroll C N. Single imputation method of missing air quality data for i-Tree Eco analyses in the conterminous United States[J]. 2017.

[117] Hui D，Wan S，Su B，et al. Gap-filling missing data in eddy covariance measurements using multiple imputation （MI） for annual estimations [J] . Agricultural and Forest Meteorology，2004，121（1）：

93–111.

[118] Jarrett R G. The analysis of designed experiments with missing observations [J] . Applied Statistics, 1978: 38–46.

[119] John J A, Prescott P. Estimating missing values in experiments [J] . Applied Statistics, 1975: 190–192.

[120] Kabacoff R. R in action: Data analysis and graphics with R [M] . Manning Publications Co., 2015.

[121] Kass R E, Carlin B P, Gelman A, et al. Markov chain Monte Carlo in practice: a roundtable discussion [J] . The American Statistician, 1998, 52 (2) : 93–100.

[122] Kim J O, Curry J. The treatment of missing data in multivariate analysis [J]. Sociological Methods & Research, 1977, 6 (2) : 215–240.

[123] Kim J O, Mueller C W. Factor analysis: Statistical methods and practical issues [M] . Sage, 1978.

[124] Kneipp S M, McIntosh M. Handling missing data in nursing research with multiple imputation [J] . Nursing Research, 2001, 50 (6) : 384–389.

[125] Kreijns K, Kirschner P A, Jochems W, et al. Measuring perceived sociability of computer-supported collaborative learning environments [J] . Computer & Education, 2007, 49 (2) :176–192.

[126] Kropko J, Goodrich B, Gelman A, et al. Multiple imputation for continuous and categorical data: Comparing joint multivariate normal and conditional approaches [J] . Political Analysis, 2014, 22 (4) : 497–519.

[127] Kwon A M, Tang G. Application of an Imputaton Method for Variance Estimation Under Pseudo Likelihood When Missing data are NMAR [J] . Communications in Statistics–Theory and Methods, 2016 (just-accepted) .

[128] Lane F. Burgette, Jerome P. Reiter. Nonparametric Bayesian Multiple Imputation for Missing Data Due to Mid–Study Switching of Measurement Methods [J] . Journal of the American Statistical Association, 2012, 107 (498) :439–449.

[129] Lanza S T, Collins L M, Lemmon D R, et al. PROC LCA: A SAS procedure for latent class analysis [J] . Structural Equation Modeling, 2007, 14 (4) : 671–694.

[130] Lim C, Kim D. On the Use of Weighted k–Nearest Neighbors for Missing Value Imputation [J] . Korean Journal of Applied Statistics, 2015, 28 (1) : 23–31.

[131]Littell, Ramon C. ANALYSIS OF REPEATED MEASURES DATA, [Z]. Annual Conference on Applied Statistics in Agriculture, 1990.

[132] Little R J A, Rubin D B. Statistical analysis with missing data [J] . Hoboken, NJ: J Wiley & Sons, 2002.

[133] Little R J A, Rubin D B. The analysis of social science data with missing values [J] . Sociological Methods & Research, 1989, 18 (2–3) : 292–326.

[134] Little R J A, Schenker N. Missing data [M] //Handbook of statistical modeling for the social and behavioral sciences. Springer US, 1995: 39–75.

[135] Little R J A. A class of pattern–mixture models for normal incomplete data [J] . Biometrika, 1994: 471–483.

[136] Little R J A. A test of missing completely at random for multivariate data with missing values [J] . Journal of the American Statistical Association, 1988, 83 (404) : 1198–1202.

[137] Little R J A. Missing–data adjustments in large surveys [J] . Journal of Business & Economic Statistics, 1988, 6 (3) : 287–296.

[138] Little R J A. Modeling the drop–out mechanism in repeated–measures

studies [J] . Journal of the American Statistical Association, 1995, 90 (431): 1112-1121.

[139] Little R J A. Pattern-mixture models for multivariate incomplete data [J]. Journal of the American Statistical Association, 1993, 88 (421): 125-134.

[140] Little R J A. Survey nonresponse adjustments for estimates of means [J]. International Statistical Review/Revue Internationale de Statistique, 1986: 139-157.

[141] Liu C, Rubin D B, Wu Y N. Parameter expansion to accelerate EM: The PX-EM algorithm [J] . Biometrika, 1998: 755-770.

[142] Liu C, Rubin D B. ML estimation of the t distribution using EM and its extensions, ECM and ECME [J] . Statistica Sinica, 1995: 19-39.

[143] Liu C, Rubin D B. The ECME algorithm: a simple extension of EM and ECM with faster monotone convergence [J] . Biometrika, 1994: 633-648.

[144] Liu M, Taylor J M G, Belin T R. Multiple imputation and posterior simulation for multivariate missing data in longitudinal studies [J] . Biometrics, 2000, 56 (4): 1157-1163.

[145] Lokupitiya R S, Lokupitiya E, Paustian K. Comparison of missing value imputation methods for crop yield data[J]. Environmetrics, 2006, 17(4): 339-349.

[146] Madow W G, Olkin I. Incomplete data in sample surveys [J] . Proceedings of the Symposium, 1983, 3.

[147] Meng X L, Rosenthal R, Rubin D B. Comparing correlated correlation coefficients [J] . Psychological bulletin, 1992, 111 (1): 172.

[148] Meng X L, Rubin D B. Maximum likelihood estimation via the ECM algorithm: A general framework [J] . Biometrika, 1993, 80 (2): 267-278.

[149] Meng X L, Van Dyk D. The EM Algorithm—an Old Folk - song Sung to a Fast New Tune [J] . Journal of the Royal Statistical Society: Series B (Statistical Methodology) , 1997, 59 (3) : 511–567.

[150] Meng X L. Multiple–imputation inferences with uncongenial sources of input [J] . Statistical Science, 1994: 538–558.

[151] Mitra R, Reiter J P. A comparison of two methods of estimating propensity scores after multiple imputation [J] . Statistical methods in medical research, 2016, 25 (1) : 188–204.

[152] Molenberghs G, Kenward M. Missing data in clinical studies [M] . John Wiley & Sons, 2007.

[153] Molenberghs G, Michiels B, Kenward M G, et al. Monotone missing data and pattern - mixture models [J] . Statistica Neerlandica, 1998, 52 (2) : 153–161.

[154] Morrison D F. Expectations and variances of maximum likelihood estimates of the multivariate normal distribution parameters with missing data[J]. Journal of the American Statistical Association, 1971, 66(335): 602–604.

[155] Muller D, Zeller M. Land use dynamics in the central highlands of Vietnam: a spatial model combining village survey data with satellite imagery interpretation [J] . Agricultural Economics, 2002, 27 (3) : 333–354.

[156] Newman D A. Missing data: Five practical guidelines [J] . Organizational Research Methods, 2014, 17 (4) : 372–411.

[157] Oba S, Sato M, Takemasa I, et al. A Bayesian missing value estimation method for gene expression profile data [J] . Bioinformatics, 2003, 19 (16) : 2088–2096.

[158] Olinsky A, Chen S, Harlow L. The comparative efficacy of imputation methods for missing data in structural equation modeling [J] . European

Journal of Operational Research, 2003, 151(1): 53–79.

[159] Parzen M, Lipsitz S R, Fitzmaurice G M, et al. Pseudo–likelihood methods for the analysis of longitudinal binary data subject to nonignorable non–monotone missingness [J]. Journal of Data Science, 2007, 5(1): 103–129.

[160] Rahman M G, Islam M Z. Missing value imputation using a fuzzy clustering–based EM approach [J]. Knowledge and Information Systems, 2016, 46(2): 389–422.

[161] Rao J N K, Shao J. Jackknife variance estimation with survey data under hot deck imputation [J]. Biometrika, 1992, 79(4): 811–822.

[162] Resche–Rigon M, White I R. Multiple imputation by chained equations for systematically and sporadically missing multilevel data [J]. Statistical Methods in Medical Research, 2016.

[163] Rhoades R E. The art of informal agricultural survey [J]. Documento de Entrenamiento–CIP (CIP), 1982.

[164] Rosenbaum P R, Rubin D B. The central role of the propensity score in observational studies for causal effects [J]. Biometrika, 1983: 41–55.

[165] Rosenthal R, Rubin D B. A simple, general purpose display of magnitude of experimental effect [J]. Journal of educational psychology, 1982, 74(2): 166–169.

[166] Royston P. Multiple imputation of missing values [J]. Stata journal, 2004, 4(3): 227–41.

[167] Rubin D B, Thomas N. Matching using estimated propensity scores: relating theory to practice [J]. Biometrics, 1996: 249–264.

[168] Rubin D B. Assignment to Treatment Group on the Basis of a Covariate [J]. Journal of educational Statistics, 1977, 2(1): 1–26.

[169] Rubin D B. Bayesian inference for causal effects: The role of

randomization [J] . The Annals of statistics, 1978: 34–58.

[170] Rubin D B. Bayesianly justifiable and relevant frequency calculations for the applied statistician [J] . The Annals of Statistics, 1984, 12 (4) : 1151–1172.

[171] Rubin D B. Estimating causal effects from large data sets using propensity scores [J] . Annals of internal medicine, 1997, 127 (8) : 757–763.

[172] Rubin D B. Estimating causal effects of treatments in randomized and nonrandomized studies [J] . Journal of educational Psychology, 1974, 66 (5) : 688.

[173] Rubin D B. Inference and missing data [J]. Biometrika, 1976, 63 (3): 581–592.

[174] Rubin D B. Multiple imputation after 18+ years [J] . Journal of the American statistical Association, 1996, 91 (434) : 473–489.

[175] Rubin D B. Multiple imputation for nonresponse in surveys [M] . John Wiley & Sons, 2004.

[176] Schafer J L, Graham J W. Missing Data: Our View of the State of the Art [J]. Psychological Methods, 2002, 7 (2) : 147–177.

[177] Schafer J L, Olsen M K. Multiple imputation for multivariate missing–data problems: A data analyst ' s perspective [J] . Multivariate behavioral research, 1998, 33 (4) : 545–571.

[178] Schafer J L. Analysis of incomplete multivariate data [M] . CRC Press, 1997.

[179] Schafer J L. Multiple imputation: A primer [J] . Statistical methods in medical research, 1999, 8 (1) : 3–15.

[180] Schmitt P, Mandel J, Guedj M. A comparison of six methods for missing data imputation [J]. Journal of Biometrics & Biostatistics, 2015, 6 (1): 1.

[181] Semchuk K M, Love E J, Lee R G. Parkinson's disease and exposure to

agricultural work and pesticide chemicals[J]. Neurology, 1992, 42(7): 1328–1328.

[182] Sentelhas P C, Gillespie T J, Santos E A. Evaluation of FAO Penman – Monteith and alternative methods for estimating reference evapotranspiration with missing data in Southern Ontario, Canada [J] . Agricultural Water Management, 2010, 97 (5) : 635–644.

[183] Shah A D, Bartlett J W, Carpenter J, et al. Comparison of random forest and parametric imputation models for imputing missing data using MICE: A CALIBER study [J] . American Journal of Epidemiology, 2014, 179 (6) : 764–774.

[184] Shao J, Chen Y. Balanced repeated replication for stratified multistage survey data under imputation [J] . Journal of the American Statistical Association, 1998, 93 (442) : 819–831.

[185] Shearer P R. Missing data in quantitative designs [J] . Applied Statistics, 1973: 135–140.

[186] Si Y, Reiter J P. Nonparametric Bayesian Multiple Imputation for Incomplete Categorical Variables in Large-Scale Assessment Surveys[J]. Journal of Educational & Behavioral Statistics, 2013, 38:499–521.

[187] Singh I, Squire L, Strauss J. A survey of agricultural household models: Recent findings and policy implications [J] . The World Bank Economic Review, 1986, 1 (1) : 149–179.

[188] Stekhoven D J, Bühlmann P. MissForest—non-parametric missing value imputation for mixed-type data [J] . Bioinformatics, 2012, 28 (1) : 112–118.

[189] Stekhoven D J. MissForest: nonparametric missing value imputation using random forest [J] . Astrophysics Source Code Library, 2015, 105 (1) : 111.

[190] Sterne J A C, White I R, Carlin J B, et al. Multiple imputation for

missing data in epidemiological and clinical research: potential and pitfalls［J］. BMJ，2009，338.

［191］Su Y S，Yajima M，Gelman A E，et al. Multiple imputation with diagnostics（mi）in R: Opening windows into the black box［J］. Journal of Statistical Software，2011，45（2）：1-31.

［192］Sullivan D，Andridge R. A hot deck imputation procedure for multiply imputing nonignorable missing data: The proxy pattern-mixture hot deck［J］. Computational Statistics & Data Analysis，2015，82：173-185.

［193］Sun M，Butar F B. Bayesian Multiple Imputation and Maximum Likelihood Methods for Missing Data［J］. Section on Research Methods，2014，28：3175-3180.

［194］Tang N，Zhao P，Zhu H. Empirical likelihood for estimating equations with nonignorably missing data［J］. Statistica Sinica，2014，24（2）：723.

［195］Van Buuren S，Boshuizen H C，Knook D L. Multiple imputation of missing blood pressure covariates in survival analysis［J］. Statistics in medicine，1999，18（6）：681-694.

［196］Van Buuren S，Brand J P L，Groothuis-Oudshoorn C G M，et al. Fully conditional specification in multivariate imputation［J］. Journal of statistical computation and simulation，2006，76（12）：1049-1064.

［197］van Buuren S，Oudshoorn K. Flexible mutlivariate imputation by MICE［M］. Leiden：TNO，1999.

［198］van Buuren S. Flexible imputation of missing data［M］. CRC Press，2012.

［199］van Buuren S. Multiple imputation of discrete and continuous data by fully conditional specification［J］. Statistical methods in medical research，2007，16（3）：219-242.

［200］Wang Y，Witten I H. Induction of model trees for predicting continuous classes [D] .// Proc. Poster Papers of the European Conference on Machine Learnmg, Faculty of Informatics and statistics. Prague: University of Economics, 1996.

[201] Ward R G, Proctor A. South Pacific agriculture: choices and constraints [Z] // South Pacific Agricultural Survey 1979 , 1980.

[202] Wilkinson G N. Estimation of missing values for the analysis of incomplete data [J] . Biometrics, 1958, 14 (2) : 257–286.

[203] Wright G M. Missing Values in Factorial Experiments [J] . Nature, 1956, 178 (4548) : 1481–1481.

[204] Wu C F J, Hamada M S. Experiments: planning, analysis, and optimization [M] . John Wiley & Sons, 2011.

[205] Wu C F J. On the convergence properties of the EM algorithm [J] . The Annals of statistics, 1983: 95–103.

[206] Yates F. Incomplete latin squares [J] . The Journal of Agricultural Science, 1936, 26 (2) : 301–315.

[207] Yin S, Wang G, Yang X. Robust PLS approach for KPI–related prediction and diagnosis against outliers and missing data [J] . International Journal of Systems Science, 2014, 45 (7) : 1375–1382.

[208] Ying Guo, Roderick J. Little. Bayesian Multiple Imputation for Assay Data Subject to Measurement Error [J] . Journal of Statistical Theory & Practice, 2013, 7 (2) :219–232.

[209] Zhou X, Wang X, Dougherty E R. Missing–value estimation using linear and non–linear regression with Bayesian gene selection [J] . Bioinformatics, 2003, 19 (17) : 2302–2307.

[210] Zhu X, Zhang S, Jin Z, et al. Missing value estimation for mixed–attribute data sets [J] . IEEE Transactions on Knowledge and Data Engineering, 2011, 23 (1) : 110–121.

附录 1　符号表示

$\boldsymbol{Y}$	$n \times p$ 阶带有缺失值的矩阵，n 为观测数，p 为变量数
$\boldsymbol{Y}_j$	n 维向量，Y 的每一个分量
Y_{obs}	Y 中的完整观测部分
y_1	目标缺失变量的观测部分
y_0	目标缺失变量的缺失部分
Y_{mis}	Y 中的缺失部分
$\boldsymbol{X}$	$n \times q$ 阶完整观测的矩阵，n 为观测数，q 为变量数
X_{obs}	Y 的完整观测对应的 X 部分
X_{mis}	Y 的缺失观测对应的 X 部分
θ	总体参数
μ	p 维均值向量，每个元素为 Y_j 的均值
Σ	$p \times p$ 阶矩阵，Y_j 的协方差矩阵
α	Y_j 基于 X 的回归模型的截距
β	q 维向量，Y_j 基于 X 的回归模型的回归系数
ε	均值为 0 的白噪声，Y_j 基于 X 的回归模型的残差项
$\overline{V}$	多重插补的总方差
$\overline{B}$	多重插补的组内方差
$\overline{U}$	多重插补的组间方差
λ	缺失数据贡献的方差比
γ	缺失数据贡献的方差相对比重

附录 2　证明和说明

A. 回归插补的方差

回归插补后“完整”数据的方差为：

$$Var(y)=\frac{\sum_{n-r}(y_1-\bar{y})^2+\sum_{r}(\hat{\alpha}+\hat{\beta}\cdot x_0-\bar{y})^2}{n-1} \quad （附 2–1）$$

在随机缺失假设（MAR）下，式附 2–1 为：

$$Var(y)=\frac{\frac{n-r}{n}\sum_{n}(y_1-\bar{y})^2+\frac{r}{n}\sum_{n}(\hat{\alpha}+\hat{\beta}\cdot x_0-\bar{y})^2}{n-1} \quad （附 2–2）$$

式附 2–2 中，$\sum_{n}(\hat{\alpha}+\hat{\beta}\cdot x_0-\bar{y})^2$ 为回归平方和，可以由其构建判定系数如下：

$$r^2_{xy}=\frac{\sum_{n}(\hat{\alpha}+\hat{\beta}\cdot x_0-\bar{y})^2}{\sum_{n}(y_1-\bar{y})^2} \quad （附 2–3）$$

其中，r_{xy} 为相关系数，由式附 2–3 可得：

$$\sum_{n}(\hat{\alpha}+\hat{\beta}\cdot x_0-\bar{y})^2=r^2_{xy}\sum_{n}(y_1-\bar{y})^2 \quad （附 2–4）$$

于是，式附 2–2 为：

$$Var(y)=\frac{\frac{n-r}{n}\sum_{n}(y_1-\bar{y})^2+\frac{r}{n}\left[r^2_{xy}\sum_{n}(y_1-\bar{y})^2\right]}{n-1}$$

$$=\left(\frac{n-r}{n}+\frac{r}{n}r^2_{xy}\right)\frac{\sum_{n}(y_1-\bar{y})^2}{n-1}=\left[1-\frac{r}{n}(1-r^2_{xy})\right]s^2_y \quad （附 2–5）$$

从而得到证明。

B. 逆 –Wishart 分布

逆 –Wishart 分布为协方差阵的后验分布形态。表示为：

$$W \sim Inv\text{-}Wishart_v \quad (附 2\text{-}6)$$

其中，S 为 $k\times k$ 阶对称正定矩阵，v 为自由度。其概率密度函数为：

$$f(W)=(2^{vk/2}\pi^{k(k-1)/2}\prod_{i=1}^{k}\Gamma\frac{v+1-i}{2})^{-1}\times|S|^{-v/2}|W|^{-(v+k+1)/2}\times\exp[-\frac{1}{2}tr(SW^{-1})] \quad (附 2\text{-}7)$$

其中，Γ 表示 Γ 函数，函数表达式为：

$$\Gamma(x)=\int_{-\infty}^{x}t^{x-1}e^{-t}dt \quad (附 2\text{-}8)$$

而 W 的期望值为：

$$E(W)=(v-k-1)^{-1}S \quad (附 2\text{-}9)$$

C. 一元缺失数据的后验分布

为了简化符合，将缺失变量的完整观测记为 y，y 对应辅助变量的完整观测记为 x。两者的均值向量为：

$$\hat{\mu}=(\bar{y},\bar{x}) \quad (附 2\text{-}10)$$

协方差矩阵为：

$$\hat{\Sigma}=\begin{pmatrix}S^2_y & S_{yx}\\ S_{yx} & S^2_x\end{pmatrix} \quad (附 2\text{-}11)$$

其中，$S_{yx}=S_{xy}$，而根据均值向量 $\hat{\mu}$ 和协方差矩阵 $\hat{\Sigma}$，在正态线性假设下：

$$\hat{\beta}=\frac{S_{yx}}{S_x^2} \quad (附 2\text{-}12)$$

而残差方差为：

$$\hat{\sigma}^2_{y.x}=S_y^2-\frac{S_{yx}}{S_x^2} \quad (附 2\text{-}13)$$

D. 单一缺失下多元正态数据的后验分布

仍简记目标变量的完整观测部分为 y，相应辅助变量矩阵的观测部分为：

$$\boldsymbol{X}=（X_1，X_2，\cdots，X_q） \tag{附 2-14}$$

$\boldsymbol{X}$ 为 $n_1\times q$ 阶矩阵，为了加入截距项估计，将 X 加入一列元素为 1 的向量，即：

$$\boldsymbol{X}=\begin{pmatrix} 1 & x_{11} & \cdots & x_{1q} \\ \vdots & \vdots & & \vdots \\ 1 & xn_1 & \cdots & xn_{1q} \end{pmatrix} \tag{附 2-15}$$

那么，后验分布参数的最大似然估计和最小平方估计为：

$$\hat{\beta}=（X^T，X）^{-1}（X^T，Y） \tag{附 2-16}$$

残差的最大似然估计为：

$$\hat{\sigma}^2=\frac{（Y，X\hat{\beta}）（Y，X\hat{\beta}）}{n} \tag{附 2-17}$$

而最小平方估计为：

$$\hat{\sigma}^2=\frac{（Y，X\hat{\beta}）（Y，X\hat{\beta}）}{n-q-1} \tag{附 2-18}$$

E.Sweep 操作

设 $\boldsymbol{G}$ 为 $p\times p$ 阶对称矩阵，矩阵中的元素为 g_{ij}，Sweep 操作就是，将 g_{ij} 替换为 h_{ij}，而：

$$h_{kk}=-\frac{1}{g_{kk}} \tag{附 2-19}$$

$$h_{jk}=h_{kj}=\frac{g_{jk}}{g_{kk}}，当 j\neq k 时 \tag{附 2-20}$$

$$h_{jl}=h_{lj}=g_{jl}-\frac{g_{jk}g_{kl}}{g_{kk}}，当 j\neq k 且 l\neq k 时 \tag{附 2-21}$$

而由 h_{ij} 组成的矩阵记为：

$$\boldsymbol{H}=SWP[k]G \tag{附 2-22}$$

附录 3　R 程序代码


```
xxx<-1:147
xxx.1<-xxx[r2.mcar==1]
xxx.0<-xxx[r2.mcar==0]
yy1.mar<-y1
yy1.mar[r2.mcar==0]<-NA
dyy1.m<-yy1.mar
dyy1.m[is.na(dyy1.m)==TRUE]<-mean(dyy1.m, na.rm=TRUE)
dyy1.m.0<-dyy1.m[is.na(yy1.mar)==TRUE]
dyy1.m.1<-dyy1.m[is.na(yy1.mar)==FALSE]
dyy1.mr<-yy1.mar
z1<-rnorm(length(dyy1.m.0))
dyy1.mr[is.na(dyy1.mr)==TRUE]<-dyy1.m.0+z1
dyy1.mr.0<-dyy1.mr[is.na(yy1.mar)==TRUE]
dyy1.mr.1<-dyy1.mr[is.na(yy1.mar)==FALSE]
dyy1.0<-y1[is.na(yy1.mar)==TRUE]
dyy1.1<-y1[is.na(yy1.mar)==FALSE]
dyy1.s<-yy1.mar
dyy1.s[is.na(dyy1.s)==TRUE]<-sample(dyy1.1, sum(is.na(dyy1.s)==TRUE),
                replace=TRUE)
dyy1.s.0<-dyy1.s[is.na(yy1.mar)==TRUE]
```

```
dyy1.s.1<-dyy1.s[is.na(yy1.mar)==FALSE]
par(mfrow=c(2, 2))
plot(xxx.1, dyy1.1, ylab=" 收入 ", xlab="（a）原始数据 ")
points(xxx.0, dyy1.0, pch=15, col="green")
plot(xxx.1, dyy1.s.1, ylab=" 收 入 ", xlab="（b） 随 机 插 补 ",
col="darkgray")
points(xxx.0, dyy1.s.0, pch=4)
plot(xxx.1, dyy1.m.1, ylab=" 收入 ", xlab="（c）简单均值插补 ",
col="darkgray")
points(xxx.0, dyy1.m.0, pch=4)
plot(xxx.1, dyy1.mr.1, ylab=" 收 入 ", xlab="（d） 随 机 插 补 ",
col="darkgray")
points(xxx.0, dyy1.mr.0, pch=4)
mean(y1);mean(yy1.mar, na.rm=TRUE); mean(dyy1.s);mean(dyy1.
m);mean(dyy1.mr)
var(y1);var(yy1.mar, na.rm=TRUE);var(dyy1.s); var(dyy1.m); var(dyy1.mr)
t.test(y1);t.test(yy1.mar);t.test(dyy1.s);t.test(dyy1.m); t.test(dyy1.mr)

library(MASS)
logistic<-function(x){exp(x)/(1+exp(x))}
set.seed(6758)
n<-30 0
y<-mvrnorm(n=n, mu=c(5, 8), Sigma=matrix(c(4, 4.8, 4.8, 9),
nrow=2))
y<-y[y[, 1]>0&y[, 2]>0, ]
y1<-y[, 1]
y2<-y[, 2]
r2.mcar<-1-rbinom(length(y1), 1, 0.5)
```

```
r2.mar<-1-rbinom(length(y1), 1, logistic(scale(y2)))
r2.nmar<-1-rbinom(length(y1), 1, logistic(scale(y1)))
head(r2.mcar)
obs.mcar<-y1[r2.mcar==1]
mis.mcar<-y1[r2.mcar==0]
obs.mar<-y1[r2.mar==1]
mis.mar<-y1[r2.mar==0]
obs.nmar<-y1[r2.nmar==1]
mis.nmar<-y1[r2.nmar==0]
par(mfrow=c(2, 2))
plot(y2, y1, xlab="柑橘种植面积（亩）", ylab="家庭收入（万元）",
sub="（a）散点图")
boxplot(obs.mcar, mis.mcar, names=c("观测数据", "缺失数据"),
ylab="家庭收入（万元）", sub="（b）完全随机缺失")
boxplot(obs.mar, mis.mar, names=c("观测数据", "缺失数据"),
ylab="家庭收入（万元）", sub="（c）随机缺失")
boxplot(obs.nmar, mis.nmar, names=c("观测数据", "缺失数据"),
ylab="家庭收入（万元）", sub="（d）非随机缺失")
```



```
library(car)
scatterplot(y1~y2, xlab="柑橘种植面积(亩)", ylab="家庭收入(万元)")
jtsr<-round(rnorm(500, 5, 2), 1)
gjcl<-round(rnorm(500, 8, 3), 1)
zzmj<-round(rnorm(500, 9, 2), 1)
gjxl<-round(rnorm(500, 7, 2), 1)
hfzc<-round(rnorm(500, 0.3, 0.08), 2)
nyzc<-round(rnorm(500, 0.4, 0.1), 2)
da1<-cbind(jtsr, gjcl, zzmj, gjxl, hfzc, nyzc);head(da1)
```

```
xx<-1:147
xx.1<-xx[is.na(y1.mar)==FALSE]
xx.0<-xx[is.na(y1.mar)==TRUE]
dy1.m<-y1.mar
dy1.m[is.na(dy1.m)==TRUE]<-mean(dy1.m，na.rm=TRUE)
dy1.m.0<-dy1.m[is.na(y1.mar)==TRUE]
dy1.m.1<-dy1.m[is.na(y1.mar)==FALSE]
dy1.mr<-y1.mar
z1<-rnorm(length(dy1.m.0))
dy1.mr[is.na(dy1.mr)==TRUE]<-dy1.m.0+z1
dy1.mr.0<-dy1.mr[is.na(y1.mar)==TRUE]
dy1.mr.1<-dy1.mr[is.na(y1.mar)==FALSE]
dy1.r<-y1.mar
dy1.r[is.na(dy1.r)==TRUE]<-y2[is.na(y1.mar)==TRUE]*0.5410+0.6895
dy1.r.0<-dy1.r[is.na(y1.mar)==TRUE]
dy1.r.1<-dy1.r[is.na(y1.mar)==FALSE]
dy1.rr<-y1.mar
z2<-rnorm(length(dy1.r.0))
dy1.rr[is.na(dy1.rr)==TRUE]<-dy1.r.0+z2
dy1.rr.0<-dy1.rr[is.na(y1.mar)==TRUE]
dy1.rr.1<-dy1.rr[is.na(y1.mar)==FALSE]
par(mfrow=c(2，2))
plot(xx.1，dy1.m.1，ylab="收入"，xlab="（a）简单均值"，
col="darkgray")
points(xx.0，dy1.m.0，pch=4)
plot(xx.1，dy1.mr.1，ylab="收入"，xlab="（b）随机均值"，
col="darkgray")
points(xx.0，dy1.mr.0，pch=4)
```

```
plot(xx.1, dy1.r.1, ylab=" 收 入 ", xlab="（c） 简 单 回 归 ",
col="darkgray")
points(xx.0, dy1.r.0, pch=4)
plot(xx.1, dy1.rr.1, ylab=" 收 入 ", xlab="（d） 随 机 回 归 ",
col="darkgray")
points(xx.0, dy1.rr.0, pch=4)
mean(y1); mean(y1.mar, na.rm=TRUE);mean(dy1.m);mean(dy1.mr);
mean(dy1.r);mean(dy1.rr)
var(y1);var(y1.mar, na.rm=TRUE);var(dy1.m);var(dy1.mr);var(dy1.r);var(dy1.
rr)
t.test(y1);t.test(y1.mar, na.rm=TRUE);t.test(dy1.m);t.test(dy1.mr);t.test(dy1.r);
t.test(dy1.rr)
logistic<-function(x){exp(x)/(1+exp(x))}
set.seed(3252)
n<-150
y<-mvrnorm(n=n, mu=c(5, 8), Sigma=matrix(c(4, 4.8, 4.8, 9),
nrow=2))
y<-y[y[, 1]>0&y[, 2]>0, ]
y1<-y[, 1]
y2<-y[, 2]
r2.mcar<-1-rbinom(length(y1), 1, 0.5)
r2.mar<-1-rbinom(length(y1), 1, logistic(scale(y2)))
r2.nmar<-1-rbinom(length(y1), 1, logistic(scale(y1)))
head(r2.mcar)
obs.mcar<-y1[r2.mcar==1]
mis.mcar<-y1[r2.mcar==0]
obs.mar<-y1[r2.mar==1]
mis.mar<-y1[r2.mar==0]
```

```
obs.nmar<-y1[r2.nmar==1]
mis.nmar<-y1[r2.nmar==0]
y1.mar<-y1
y1.mar[r2.mar==0]<-NA
marginplot(data.frame(y2, y1.mar), col=c("red", "blue", "green"),
      pch=c(20), xlab=" 柑橘产量 ", ylab=" 家庭收入 ")
da.mar<-data.frame(y2, y1.mar)
da.mar.o<-da.mar[order(y2), ]
y1.mar.o<-da.mar.o[, 2]
c1<-y1.mar.o[1:30]
c2<-y1.mar.o[31:60]
c3<-y1.mar.o[61:90]
c4<-y1.mar.o[91:120]
c5<-y1.mar.o[121:147]
mean(c1, na.rm=TRUE);mean(c2, na.rm=TRUE);mean(c3,
na.rm=TRUE);mean(c4, na.rm=TRUE);
mean(c5, na.rm=TRUE)
sum(is.na(c1)); sum(is.na(c2));sum(is.na(c3));sum(is.na(c4));sum(is.na(c5))
mean(y1);mean(y1.mar, na.rm=TRUE)
c1[is.na(c1)==TRUE]<-mean(c1, na.rm=TRUE)
c2[is.na(c2)==TRUE]<-mean(c2, na.rm=TRUE)
c3[is.na(c3)==TRUE]<-mean(c3, na.rm=TRUE)
c4[is.na(c4)==TRUE]<-mean(c4, na.rm=TRUE)
c5[is.na(c5)==TRUE]<-mean(c5, na.rm=TRUE)
cda<-c(c1, c2, c3, c4, c5)
xr<-1:147
xr.1<-xr[is.na(y1.mar.o)==FALSE]
xr.0<-xr[is.na(y1.mar.o)==TRUE]
```

```
cda.1<-cda[is.na(y1.mar.o)==FALSE]
cda.0<-cda[is.na(y1.mar.o)==TRUE]
plot(xr.1, cda.1);points(xr.0, cda.0, pch=4)
cdar<-cda
cdar<-y1.mar.o
y2r<-da.mar.o[, 1]
lm(y1.mar.o~y2r)
summary(lm(y1.mar.o~y2r))
cdar.0<-y2r[is.na(y1.mar.o)==TRUE]*0.5410+0.6895
cdars.0<-cdar.0+rnorm(1)*1.048
plot(xr.1, cda.1, ylab="收入", xlab="（a）分层均值插补", col="gray");points(xr.0, cda.0, pch=4)
plot(xr.1, cda.1, ylab="收入", xlab="（b）回归插补", col="gray");points(xr.0, cdar.0, pch=4)
xx<-1:147
xx.1<-xx[is.na(y1.mar)==FALSE]
xx.0<-xx[is.na(y1.mar)==TRUE]
y1c<-y1.mar[is.na(y1.mar)==FALSE]
y1m<-y1.mar[is.na(y1.mar)==TRUE]
y1m.r<-y2[is.na(y1.mar)==TRUE]*0.5410+0.6895
zm<-rnorm(length(y1m.r))
y1m.rs<-y1m.r+zm
xx<-1:147
xx.1<-xx[is.na(y1.mar)==FALSE]
xx.0<-xx[is.na(y1.mar)==TRUE]
dy1.m<-y1.mar
dy1.m[is.na(dy1.m)==TRUE]<-mean(dy1.m, na.rm=TRUE)
dy1.m.0<-dy1.m[is.na(y1.mar)==TRUE]
```

```
dy1.m.1<-dy1.m[is.na(y1.mar)==FALSE]
dy1.mr<-y1.mar
z1<-rnorm(length(dy1.m.0))
dy1.mr[is.na(dy1.mr)==TRUE]<-dy1.m.0+z1
dy1.mr.0<-dy1.mr[is.na(y1.mar)==TRUE]
dy1.mr.1<-dy1.mr[is.na(y1.mar)==FALSE]
dy1.r<-y1.mar
dy1.r[is.na(dy1.r)==TRUE]<-y2[is.na(y1.mar)==TRUE]*0.5410+0.6895
dy1.r.0<-dy1.r[is.na(y1.mar)==TRUE]
dy1.r.1<-dy1.r[is.na(y1.mar)==FALSE]
dy1.rr<-y1.mar
z2<-rnorm(length(dy1.r.0))
dy1.rr[is.na(dy1.rr)==TRUE]<-dy1.r.0+z2
dy1.rr.0<-dy1.rr[is.na(y1.mar)==TRUE]
dy1.rr.1<-dy1.rr[is.na(y1.mar)==FALSE]
par(mfrow=c(2，2))
plot(xx.1，dy1.m.1，ylab="收入"，xlab="（a）简单均值"，col="darkgray")
points(xx.0，dy1.m.0，pch=4)
plot(xx.1，dy1.mr.1，ylab="收入"，xlab="（b）随机均值"，col="darkgray")
points(xx.0，dy1.mr.0，pch=4)
plot(xx.1，dy1.r.1，ylab="收入"，xlab="（c）简单回归"，col="darkgray")
points(xx.0，dy1.r.0，pch=4)
plot(xx.1，dy1.rr.1，ylab="收入"，xlab="（d）随机回归"，col="darkgray")
points(xx.0，dy1.rr.0，pch=4)
```

```
mean(y1);mean(y1.mar, na.rm=TRUE); mean(dy1.m); mean(dy1.mr);mean(dy1.r);mean(dy1.rr)
var(y1);var(y1.mar, na.rm=TRUE); var(dy1.m);var(dy1.mr);var(dy1.r);var(dy1.rr)
t.test(y1);t.test(y1.mar, na.rm=TRUE);t.test(dy1.m); t.test(dy1.mr);t.test(dy1.r);t.test(dy1.rr)
summary(lm(y1~y2));summary(lm(y1.mar~y2));summary(lm(dy1.m~y2));
summary(lm(dy1.mr~y2));summary(lm(dy1.r~y2));summary(lm(dy1.rr~y2))

library(MASS)
set.seed(6738)
n<-2500
dac<-mvrnorm(n=n, mu=c(0, 0, 0, 0, 0, 0), Sigma=matrix(c(
    1, 0.58, 0.61, 0.54, 0.72, 0.73,
    0.58, 1, 0.84, 0.78, 0.66, 0.64,
    0.61, 0.84, 1, 0.88, 0.72, 0.67,
    0.54, 0.78, 0.88, 1, 0.81, 0.77,
    0.72, 0.66, 0.72, 0.81, 1, 0.88,
    0.73, 0.64, 0.67, 0.77, 0.88, 1), nrow=6))
src<-round(dac[, 1]*3.2+7.6, 1)
xsec<-round(dac[, 2]*1.3+4.3, 1)
clc<-round(dac[, 3]*2.2+5.2, 1)
mjc<-round(dac[, 4]*2.5+6.4, 1)
hfc<-round(dac[, 5]*0.2+0.5, 2)
nyc<-round(dac[, 6]*0.3+0.6, 2)
dac1<-cbind(src, xsec, clc, mjc, hfc, nyc)
dac2<-dac1[src>0&xsec>0&clc>0&mjc>0&hfc>0&nyc>0, ]
dac2z<-dac2
```

```
dac2z<-as.data.frame(dac2z)
names(dac2z)
names(dac2z)<-c(" 收入 ", " 销售额 ", " 产量 ", " 面积 ", " 化肥 ",
" 农药 ")
corrgram(dac2z, order=TRUE, lower.panel=panel.shade,
    upper.panel=panel.pie, text.panel=panel.txt,
    col.regions = colorRampPalette(c("red", "salmon",
    "white", "gray", "black")))

library(MASS)
set.seed(6745)
n<-3000
da<-mvrnorm(n=n, mu=c(0, 0, 0, 0, 0, 0), Sigma=matrix(c(
    1, 0.58, 0.61, 0.54, 0.72, 0.73,
    0.58, 1, 0.84, 0.78, 0.66, 0.64,
    0.61, 0.84, 1, 0.88, 0.72, 0.67,
    0.54, 0.78, 0.88, 1, 0.81, 0.77,
    0.72, 0.66, 0.72, 0.81, 1, 0.88,
    0.73, 0.64, 0.67, 0.77, 0.88, 1), nrow=6))
sr<-round(da[, 1]*3.2+7.6, 1)
xse<-round(da[, 2]*1.3+4.3, 1)
cl<-round(da[, 3]*2.2+5.2, 1)
mj<-round(da[, 4]*2.5+6.4, 1)
hf<-round(da[, 5]*0.2+0.5, 2)
ny<-round(da[, 6]*0.3+0.6, 2)
da1<-cbind(sr, xse, cl, mj, hf, ny)
da2<-da1[sr>0&xse>0&cl>0&mj>0&hf>0&ny>0, ]
str(da2);str(da1)
```

```
sr<-da2[, 1]
xse<-da2[, 2]
cl<-da2[, 3]
mj<-da2[, 4]
hf<-da2[, 5]
ny<-da2[, 6]
mr<-0.1
sr.r<-rbinom(length(sr), 1, mr)
sr0<-sr
sr0[sr.r==1]<-NA
xse.r<-rbinom(length(xse), 1, mr)
xse0<-xse
xse0[xse.r==1]<-NA
cl.r<-rbinom(length(cl), 1, mr)
cl0<-cl
cl0[cl.r==1]<-NA
mj.r<-rbinom(length(mj), 1, mr)
mj0<-mj
mj0[mj.r==1]<-NA
hf.r<-rbinom(length(hf), 1, mr)
hf0<-hf
hf0[hf.r==1]<-NA
ny.r<-rbinom(length(ny), 1, mr)
ny0<-ny
ny0[ny.r==1]<-NA
da0<-cbind(sr0, xse0, cl0, mj0, hf0, ny0)
da0.1<-da0[is.na(sr0)==FALSE&is.na(xse0)==FALSE&is.
na(cl0)==FALSE&
```

```
is.na(mj0)==FALSE&is.na(hf0)==FALSE&is.na(ny0)==FALSE,];str(da0.1)
da0<-cbind(sr0, xse0)
da0.1<-da0[is.na(sr0)==FALSE&is.na(xse0)==FALSE, ];str(da0.1)
da0<-cbind(sr0, xse0, cl0)
da0.1<-da0[is.na(sr0)==FALSE&is.na(xse0)==FALSE&is.
na(cl0)==FALSE, ];str(da0.1)
da0<-cbind(sr0, xse0, cl0, mj0)
da0.1<-da0[is.na(sr0)==FALSE&is.na(xse0)==FALSE&is.
na(cl0)==FALSE&
is.na(mj0)==FALSE, ];str(da0.1)
da0<-cbind(sr0, xse0, cl0, mj0, hf0)
da0.1<-da0[is.na(sr0)==FALSE&is.na(xse0)==FALSE&is.
na(cl0)==FALSE&
is.na(mj0)==FALSE&is.na(hf0)==FALSE, ];str(da0.1)
da0<-cbind(sr0, xse0, cl0, mj0, hf0, ny0)
da0.1<-da0[is.na(sr0)==FALSE&is.na(xse0)==FALSE&is.
na(cl0)==FALSE&
is.na(mj0)==FALSE&is.na(hf0)==FALSE&is.na(ny0)==FALSE,];str(da0.1)
sr0m<-da0[, 1]
sr0m[sr.r==1]<-round(mean(da0[, 1], na.rm=TRUE), 1)
xse0m<-da0[, 2]
xse0m[xse.r==1]<-round(mean(da0[, 2], na.rm=TRUE), 1)
cl0m<-da0[, 3]
cl0m[cl.r==1]<-round(mean(da0[, 3], na.rm=TRUE), 1)
mj0m<-da0[, 4]
mj0m[mj.r==1]<-round(mean(da0[, 4], na.rm=TRUE), 1)
hf0m<-da0[, 5]
hf0m[hf.r==1]<-round(mean(da0[, 5], na.rm=TRUE), 2)
```

```
ny0m<-da0[, 6]
ny0m[ny.r==1]<-round(mean(da0[, 6], na.rm=TRUE), 2)
da0m<-cbind(sr0m, xse0m, cl0m, mj0m, hf0m, ny0m);str(da0m)
round(cor(da2),2);round(cor(da0m),2);round(cor(da2),2)-round(cor(da0m),
2)

set.seed(6395)
n<-100
jtsr<-rnorm(n, mean=8, sd=2)
jtsr<-jtsr[jtsr>0]
jtsr.r0<-rbinom(length(jtsr), 1, 0.1)
jtsr0<-jtsr
jtsr0[jtsr.r0==1]<-NA
jtsr0.1<-jtsr0[is.na(jtsr0)==FALSE]
jtsr.r1<-rbinom(length(jtsr), 1, 0.2)
jtsr1<-jtsr
jtsr1[jtsr.r1==1]<-NA
jtsr1.1<-jtsr1[is.na(jtsr1)==FALSE]
jtsr.r2<-rbinom(length(jtsr), 1, 0.3)
jtsr2<-jtsr
jtsr2[jtsr.r2==1]<-NA
jtsr2.1<-jtsr2[is.na(jtsr2)==FALSE]
jtsr.r3<-rbinom(length(jtsr), 1, 0.4)
jtsr3<-jtsr
jtsr3[jtsr.r3==1]<-NA
jtsr3.1<-jtsr3[is.na(jtsr3)==FALSE]
jtsr.r4<-rbinom(length(jtsr), 1, 0.5)
jtsr4<-jtsr
```

```
jtsr4[jtsr.r4==1]<-NA
jtsr4.1<-jtsr4[is.na(jtsr4)==FALSE]
jtsr0.0<-jtsr[jtsr.r0==1]
jtsr1.0<-jtsr[jtsr.r1==1]
jtsr2.0<-jtsr[jtsr.r2==1]
jtsr3.0<-jtsr[jtsr.r3==1]
jtsr4.0<-jtsr[jtsr.r4==1]
t.test(jtsr, mu=7.5) ;t.test(jtsr0.1, mu=7.5);t.test(jtsr1.1, mu=7.5);t.test(jtsr2.1, mu=7.5);
t.test(jtsr3.1, mu=7.5);t.test(jtsr4.1, mu=7.5)
t.test(jtsr) ; t.test(jtsr0.1); t.test(jtsr1.1);t.test(jtsr2.1);t.test(jtsr3.1);t.test(jtsr4.1)
x<-1:100
x0.1<-x[jtsr.r0==0]
x0.0<-x[jtsr.r0==1]
x1.1<-x[jtsr.r1==0]
x1.0<-x[jtsr.r1==1]
x2.1<-x[jtsr.r2==0]
x2.0<-x[jtsr.r2==1]
x3.1<-x[jtsr.r3==0]
x3.0<-x[jtsr.r3==1]
x4.1<-x[jtsr.r4==0]
x4.0<-x[jtsr.r4==1]
par(mfrow=c(3, 2))
plot(jtsr, ylab=" 收入 ", xlab="（a）缺失 0%")
plot(x0.1, jtsr0.1, ylab=" 收入 ", xlab="（b）缺失 10%");points(x0.0, jtsr0.0, pch=4)
plot(x1.1, jtsr1.1, ylab=" 收入 ", xlab="（c）缺失 20%");points(x1.0,
```

```
jtsr1.0， pch=4)
    plot(x2.1， jtsr2.1， ylab=" 收入 "， xlab="（d）缺失 30%");points(x2.0，
jtsr2.0， pch=4)
    plot(x3.1， jtsr3.1， ylab=" 收入 "， xlab="（e）缺失 40%");points(x3.0，
jtsr3.0， pch=4)
    plot(x4.1， jtsr4.1， ylab=" 收入 "， xlab="（f）缺失 50%");points(x4.0，
jtsr4.0， pch=4)
    jtsr0.m<-rep(mean(jtsr0.1)， length(jtsr0.0))
    jtsr0.r<-NULL
    for(i in 1:length(jtsr0.0)){jtsr0.r[i]=mean(jtsr0.1)+rnorm(1)*sd(jtsr0.1)}
    par(mfrow=c(1， 2))
    plot(x0.1， jtsr0.1， ylab=" 收 入 "， xlab="（a）简 单 均 值 插 补 "，
col="darkgray")
    points(x0.0， jtsr0.m， pch=16)
    plot(x0.1， jtsr0.1， ylab=" 收 入 "， xlab="（b）随 机 均 值 插 补 "，
col="darkgray")
    points(x0.0， jtsr0.r， pch=16)
    jtsrd<-as.data.frame(jtsr)
    names(jtsrd)<-c("sr")
    jtsrd0.1<-as.data.frame(jtsr0.1)
    names(jtsrd0.1)<-c("sr")
    jtsrd1.1<-as.data.frame(jtsr1.1)
    names(jtsrd1.1)<-c("sr")
    jtsrd2.1<-as.data.frame(jtsr2.1)
    names(jtsrd2.1)<-c("sr")
    jtsrd3.1<-as.data.frame(jtsr3.1)
    names(jtsrd3.1)<-c("sr")
    jtsrd4.1<-as.data.frame(jtsr4.1)
```

```
names(jtsrd4.1)<-c("sr")
srda<-rbind(jtsrd，jtsrd0.1，jtsrd1.1，jtsrd2.1，jtsrd3.1，jtsrd4.1)
lab<-c(rep("0%"，length(jtsr))，rep("10%"，length(jtsr0.1))，
    rep("20%"，length(jtsr1.1))，rep("30%"，length(jtsr2.1))，
    rep("40%"，length(jtsr3.1))，rep("50%"，length(jtsr4.1)))
lab<-as.data.frame(lab)
names(lab)<-"比重";names(srda)<-"家庭收入"
srdac<-cbind(srda，lab)
ggplot(data=srdac，aes(x=家庭收入，fill=比重))+
    geom_density()+
    facet_grid(比重~.)
library(MASS)
set.seed(6745)
n<-3000
da<-mvrnorm(n=n，mu=c(0，0，0，0，0，0)，Sigma=matrix(c(
    1，0.58，0.61，0.54，0.72，0.73，
    0.58，1，0.84，0.78，0.66，0.64，
    0.61，0.84，1，0.88，0.72，0.67，
    0.54，0.78，0.88，1，0.81，0.77，
    0.72，0.66，0.72，0.81，1，0.88，
    0.73，0.64，0.67，0.77，0.88，1)，nrow=6))
sr<-round(da[，1]*3.2+7.6，1)
xse<-round(da[，2]*1.3+4.3，1)
cl<-round(da[，3]*2.2+5.2，1)
mj<-round(da[，4]*2.5+6.4，1)
hf<-round(da[，5]*0.2+0.5，2)
ny<-round(da[，6]*0.3+0.6，2)
da1<-cbind(sr，xse，cl，mj，hf，ny)
```

```
da2<-da1[sr>0&xse>0&cl>0&mj>0&hf>0&ny>0，];str(da2);str(da1)
sr<-da2[，1]
xse<-da2[，2]
cl<-da2[，3]
mj<-da2[，4]
hf<-da2[，5]
ny<-da2[，6]
mr<-0.2
sr.r<-rbinom(length(sr)，1，mr)
sr0<-sr
sr0[sr.r==1]<-NA
xse.r<-rbinom(length(xse)，1，mr)
xse0<-xse
xse0[xse.r==1]<-NA
cl.r<-rbinom(length(cl)，1，mr)
cl0<-cl
cl0[cl.r==1]<-NA
mj.r<-rbinom(length(mj)，1，mr)
mj0<-mj
mj0[mj.r==1]<-NA
hf.r<-rbinom(length(hf)，1，mr)
hf0<-hf
hf0[hf.r==1]<-NA
ny.r<-rbinom(length(ny)，1，mr)
ny0<-ny
ny0[ny.r==1]<-NA
da0<-cbind(sr0，xse0，cl0，mj0，hf0，ny0)
da0.1<-da0[is.na(sr0)==FALSE&is.na(xse0)==FALSE&is.
```

```
na(cl0)==FALSE&
    is.na(mj0)==FALSE&is.na(hf0)==FALSE&is.na(ny0)==FALSE,];str(da0.1)
  da0<-cbind(sr0, xse0)
  da0.1<-da0[is.na(sr0)==FALSE&is.na(xse0)==FALSE, ];str(da0.1)
  da0<-cbind(sr0, xse0, cl0)
  da0.1<-da0[is.na(sr0)==FALSE&is.na(xse0)==FALSE&is.
na(cl0)==FALSE, ];str(da0.1)
  da0<-cbind(sr0, xse0, cl0, mj0)
  da0.1<-da0[is.na(sr0)==FALSE&is.na(xse0)==FALSE&is.
na(cl0)==FALSE&
    is.na(mj0)==FALSE, ];str(da0.1)
  da0<-cbind(sr0, xse0, cl0, mj0, hf0)
  da0.1<-da0[is.na(sr0)==FALSE&is.na(xse0)==FALSE&is.
na(cl0)==FALSE&
    is.na(mj0)==FALSE&is.na(hf0)==FALSE, ];str(da0.1)
  da0<-cbind(sr0, xse0, cl0, mj0, hf0, ny0)
  c1<-cor(da2)*cor(da2)
  c2<-cor(da0, use="complete.obs")*cor(da0, use="complete.obs")
  c3<-cor(da0, use="pairwise.complete.obs")*cor(da0, use="pairwise.
complete.obs")

  library(MASS)
  set.seed(6745)
  n<-100
  da<-mvrnorm(n=n, mu=c(0, 0, 0, 0, 0, 0), Sigma=matrix(c(
      1, 0.58, 0.61, 0.54, 0.72, 0.73,
      0.58, 1, 0.84, 0.78, 0.66, 0.64,
      0.61, 0.84, 1, 0.88, 0.72, 0.67,
```

```
    0.54, 0.78, 0.88, 1, 0.81, 0.77,
    0.72, 0.66, 0.72, 0.81, 1, 0.88,
    0.73, 0.64, 0.67, 0.77, 0.88, 1), nrow=6))
sr<-round(da[, 1]*3.2+7.6, 1)
xse<-round(da[, 2]*1.3+4.3, 1)
cl<-round(da[, 3]*2.2+5.2, 1)
mj<-round(da[, 4]*2.5+6.4, 1)
hf<-round(da[, 5]*0.2+0.5, 2)
ny<-round(da[, 6]*0.3+0.6, 2)
da1<-cbind(sr, xse, cl, mj, hf, ny)
da2<-da1[sr>0&xse>0&cl>0&mj>0&hf>0&ny>0, ];str(da2);str(da1)
sr<-da2[, 1]
xse<-da2[, 2]
cl<-da2[, 3]
mj<-da2[, 4]
hf<-da2[, 5]
ny<-da2[, 6]
mr<-0.1
sr.r<-rbinom(length(sr), 1, mr)
sr0<-sr
sr0[sr.r==1]<-NA
xse.r<-rbinom(length(xse), 1, mr)
xse0<-xse
xse0[xse.r==1]<-NA
cl.r<-rbinom(length(cl), 1, mr)
cl0<-cl
cl0[cl.r==1]<-NA
mj.r<-rbinom(length(mj), 1, mr)
```

```
mj0<-mj
mj0[mj.r==1]<-NA
hf.r<-rbinom(length(hf), 1, mr)
hf0<-hf
hf0[hf.r==1]<-NA
ny.r<-rbinom(length(ny), 1, mr)
ny0<-ny
ny0[ny.r==1]<-NA
da0<-cbind(sr0, xse0, cl0, mj0, hf0, ny0)
mj.r<-rbinom(length(mj), 1, mr)
mj0<-mj
mj0[mj.r==1]<-NA
hf.r<-rbinom(length(hf), 1, mr)
hf0<-hf
hf0[hf.r==1]<-NA
ny.r<-rbinom(length(ny), 1, mr)
ny0<-ny
ny0[ny.r==1]<-NA
da0<-cbind(sr0, xse0, cl0, mj0, hf0, ny0)
mdf<-missing_data.frame(da0)
imputations<-mi(mdf)
m1<-complete(imputations, 1)
write.table(md.pattern(da0), "F:/miss/excel/pattern.txt", sep="\t")
da3<-da2
names(da3)[1:6]<-c("收入", "销售额", "产量", "面积", "化肥",
"农药")
scatterplotMatrix(~收入+销售额+产量+面积+化肥+农药,
data=da3, spread=FALSE, lty.smooth=2)
```

```
da0z<-da0
da0z<-as.data.frame(da0z)
names(da0z)
aggr(da0z, col=c("white", "grey", "black"), prop=FALSE,
numbers=TRUE,
ylabs=c(" 缺失观测数 ", " 组合 "))
analysis<-pool(sr0~xse0+cl0+mj0+ny0+hf0, data=imputations)
summary(analysis)
summary(lm(sr~xse+cl+mj+ny+hf, data=as.data.frame(da2)))
imp<-mice(da0, print=FALSE)
fit<-with(imp, lm(sr~xse+cl+mj+ny+hf))
pooled<-pool(fit)
missda<-read.table("F:\\miss\\excel\\missda.txt",
header=TRUE);str(missda)
missda1<-missda[, 2:13]
write.table(md.pattern(missda1), "F:/miss/excel/missda13pattern.txt",
sep="\t")
names(missda1)
missdaz<-missda1
names(missdaz)<-c(" 化肥费 ", " 农药费 ", " 直接费用 ", " 销售费用
", " 间接费用 ", " 管理费用 ",
        " 采摘费用 ", " 人工成本 ", " 总产量 ", " 总产值 ", " 价
格 ", " 总成本 ")
scatterplotMatrix(~ 销售费用 + 人工成本 + 直接费用 + 总产值 + 价格,
data=missdaz,
        spread=FALSE, lty.smooth=2)

corrgram(missdaz, order=TRUE, lower.panel=panel.shade,
```

```
        upper.panel=panel.pie, text.panel=panel.txt,
        col.regions = colorRampPalette(c("red", "salmon",
        "white", "gray", "black")))
    missdaz1<-missdaz[, c(3, 5, 7, 8, 10, 11, 12)]
    aggr(missdaz1, col=c("white", "grey", "black"), prop=FALSE,
numbers=TRUE,
            ylabs=c("缺失观测数", "组合"))
    hff<-missdaz[, 1]
    nyf<-missdaz[, 2]
    sum(is.na(hff)==TRUE);sum(is.na(nyf)==TRUE)
    hffi<-hff
    nyfi<-nyf
    hffi[is.na(hffi)==TRUE]<-sample(hffi[is.na(hffi)==FALSE],
        length(hffi[is.na(hffi)==TRUE]))
    nyfi[is.na(nyfi)==TRUE]<-sample(nyfi[is.na(hffi)==FALSE],
        length(nyfi[is.na(nyfi)==TRUE]))
    xhf<-1:193
    xhf.0<-xhf[is.na(hff)==TRUE]
    xhf.1<-xhf[is.na(hff)==FALSE]
    hffi.0<-hffi[is.na(hff)==TRUE]
    hffi.1<-hffi[is.na(hff)==FALSE]
    xny<-1:193
    xny.0<-xny[is.na(nyf)==TRUE]
    xny.1<-xny[is.na(nyf)==FALSE]
    nyfi.0<-nyfi[is.na(nyf)==TRUE]
    nyfi.1<-nyfi[is.na(nyf)==FALSE]
    par(mfrow=c(1, 2))
    plot(xhf.1, hffi.1, xlab="(a)化肥费", ylab="",
```

```
col="darkgray");points(xhf.0, hffi.0, pch=4)
    plot(xny.1, nyfi.1, xlab="（b） 农 药 费 ", ylab="",
col="darkgray");points(xny.0, nyfi.0, pch=4)
    zcl<-missdaz[, " 总产量 "]
    zcz<-missdaz[, " 总产值 "]
    dymx<-data.frame(zcz, zcl, hffi, nyfi)
    dymx.c<-dymx[is.na(zcz)==FALSE, ]
    dymxz.c<-dymx.c
    names(dymxz.c)<-c(" 总产值 ", " 总产量 ", " 化肥费 ", " 农药费 ")
    library(car)
    scatterplotMatrix(~ 总产值 + 总产量 + 化肥费 + 农药费, data=dymxz.c,
            spread=FALSE, lty.smooth=2)
    set.seed(48652)
    imp1<-mice(dymx, method="norm", print=FALSE)
    set.seed(23252)
    imp2<-mice(dymx, method="norm.boot", print=FALSE)
    fit1<-with(imp1, lm(zcz~zcl+hffi+nyfi))
    pooled1<-pool(fit1)
    fit2<-with(imp2, lm(zcz~zcl+hffi+nyfi))
    pooled2<-pool(fit2)

    zczsd<-dymx[, 1]
    zclsd<-dymx[, 2]
    hffsd<-dymx[, 3]
    nyfsd<-dymx[, 4]
    xxz<-1:193
    xxz.1<-xxz[is.na(zczsd)==FALSE]
    xxz.0<-xxz[is.na(zczsd)==TRUE]
```

```
zczsd.m<-zczsd
zczsd.m[is.na(zczsd)==TRUE]<-mean(zczsd.m, na.rm=TRUE)
zczsd.m.0<-zczsd.m[is.na(zczsd)==TRUE]
zczsd.m.1<-zczsd.m[is.na(zczsd)==FALSE]
zczsd.mr<-zczsd
z1<-rnorm(length(zczsd.m.0))
zczsd.mr[is.na(zczsd)==TRUE]<-zczsd.m.0+z1*sd(zczsd.m, na.rm=TRUE)
zczsd.mr.0<-zczsd.mr[is.na(zczsd)==TRUE]
zczsd.mr.1<-zczsd.mr[is.na(zczsd)==FALSE]
zczsd.r<-zczsd
zczsd.r[is.na(zczsd)==TRUE]<-zclsd[is.na(zczsd)==TRUE]*1.924-hffsd[is.na(zczsd)==TRUE]*4.443+nyfsd[is.na(zczsd)==TRUE]*2.915+2098.786
zczsd.r.0<-zczsd.r[is.na(zczsd)==TRUE]
zczsd.r.1<-zczsd.r[is.na(zczsd)==FALSE]
zczsd.rr<-zczsd
z2<-rnorm(length(zczsd.r.0))
zczsd.rr[is.na(zczsd)==TRUE]<-zczsd.r.0+z2
zczsd.rr.0<-zczsd.rr[is.na(zczsd)==TRUE]
zczsd.rr.1<-zczsd.rr[is.na(zczsd)==FALSE]
zczsd.s<-zczsd
zczsd.s[is.na(zczsd)==TRUE]<-sample(zczsd[is.na(zczsd)==FALSE],
    sum(is.na(zczsd)==TRUE))
zczsd.s.0<-zczsd.s[is.na(zczsd)==TRUE]
zczsd.s.1<-zczsd.s[is.na(zczsd)==FALSE]
par(mfrow=c(2, 2))
plot(zczsd[is.na(zczsd)==FALSE], ylab="总产值", xlab="(a)成列删除", col="darkgray")
plot(xxz.1, zczsd.s.1, ylab="总产值", xlab="(b)随机插补",
```

```
col="darkgray")
    points(xxz.0, zczsd.s.0, pch=4)
    plot(xxz.1, zczsd.mr.1, ylab="总产值", xlab="（c）平均插补",
col="darkgray")
    points(xxz.0, zczsd.mr.0, pch=4)
    plot(xxz.1, zczsd.rr.1, ylab="总产值", xlab="（d）回归插补",
col="darkgray")
    points(xxz.0, zczsd.rr.0, pch=4)
    zczsd.d<-zczsd[is.na(zczsd)==FALSE]
    t.test(zczsd.d);t.test(zczsd.s); t.test(zczsd.mr);t.test(zczsd.rr)
    sd(zczsd.d);sd(zczsd.s); sd(zczsd.mr);sd(zczsd.rr)
    missdaml<-missda[, c(2, 3, 5, 10, 11, 13)]
    impml<-mice(missdaml, print=FALSE)
    fitml<-with(impml, lm(zcz~zcl+hff+nyf+xsfy+sczcb))
    poolml<-pool(fitml)
    write.table(summary(poolml), "F:/miss/excel/poolml.txt", sep="\t")
     mdml<-missing_data.frame(missdaml)
     imputationml<-mi(missdaml)
     analysisml<-pool(zcz~zcl+hff+nyf+xsfy+sczcb, data=imputationml)
     summary(analysisml)
     write.table(summary(analysisml), "F:/miss/excel/poolmiml.txt", sep="\t")

     createdata<-function(beta0=2.39, beta1=1.27, sigma=0.47, n=100,
mx=6.8, sdx=3.5){
     x<-round(rnorm(n, mean=mx, sd=sdx), 1)
     eps<-rnorm(n, mean=0, sd=sigma)
     y<-round(beta0+x*beta1+eps, 1)
     return(data.frame(x=x, y=y))
```

```
}
makemissing<-function(data, p=0.5){
 rx<-rbinom(nrow(data), 1, p)
 data[rx==0, "y"]<-NA
 return(data)
 }
test.impute<-function(data, m=5, method="norm", ...){
 imp<-mice(data, method=method, m=m, print=FALSE, ridge=0, ...)
 fit<-with(imp, lm(y~x))
 est<-pool(fit)
 tab<-summary(est)
 return(tab["x", c("est", "se", "lo 95", "hi 95", "fmi", "lambda")])
 }
simulate<-function(nsim=10, seed=41872){
 set.seed(seed)
 res<-array(NA, dim=c(4, nsim, 6))
  dimnames(res)<-list(c("predict", "pred+noise", "Bayes MI", "boot
MI"),
 as.character(1:100), c("est", "se", "lo 95", "hi 95", "fmi", "lambda"))
 im<-c("norm.predict", "norm.nob", "norm", "norm.boot")
 for(i in 1:nsim){
 data<-createdata()
 data<-makemissing(data)
 res[1, i, ]<-test.impute(data, method=im[1], m=2)
 res[2, i, ]<-test.impute(data, method=im[2])
 res[3, i, ]<-test.impute(data, method=im[3])
 res[4, i, ]<-test.impute(data, method=im[4])
}
```

```
  return(res)
  }
 res<-simulate(100)
 apply(res, c(1, 3), mean, na.rm=TRUE)
  true<-1.27
  bias<-rowMeans(res[, , 1]-true); bias
  isin<-res[, , 3]<true&true<res[, , 4]
  cov<-rowMeans(isin);cov
  intwidth<-res[, , 4]-res[, , 3]
  aiw<-rowMeans(intwidth); aiw
 createdata<-function(beta0=2.39, beta1=1.27, sigma=0.47, n=100,
mx=6.8, sdx=3.5){
  x<-round(rnorm(n, mean=mx, sd=sdx), 1)
  eps<-rnorm(n, mean=0, sd=sigma)
  y<-round(beta0+x*beta1+eps, 1)
  return(data.frame(x=x, y=y))
  }
 makemissing<-function(data, p=0.5){
  rx<-rbinom(nrow(data), 1, p)
  data[rx==0, "y"]<-NA
  return(data)
  }
 test.impute<-function(data, m=5, method="norm", ...){
  imp<-mice(data, method=method, m=m, print=FALSE, ridge=0, ...)
  fit<-with(imp, lm(y~x))
  est<-pool(fit)
  tab<-summary(est)
  return(tab["x", c("est", "se", "lo 95", "hi 95", "fmi", "lambda")])
```

```
}
simulate<-function(nsim=10, seed=41872){
 set.seed(seed)
 res<-array(NA, dim=c(4, nsim, 6))
 dimnames(res)<-list(c("predict", "pred+noise", "Bayes MI", "boot
MI"),
 as.character(1:10000), c("est", "se", "lo 95", "hi 95", "fmi",
"lambda"))
 im<-c("norm.predict", "norm.nob", "norm", "norm.boot")
 for(i in 1:nsim){
 data<-createdata()
 data<-makemissing(data)
 res[1, i, ]<-test.impute(data, method=im[1], m=2)
 res[2, i, ]<-test.impute(data, method=im[2])
 res[3, i, ]<-test.impute(data, method=im[3])
 res[4, i, ]<-test.impute(data, method=im[4])
 }
 return(res)
 }
res<-simulate(10000)
apply(res, c(1, 3), mean, na.rm=TRUE)
createdata<-function(beta0=2.39, beta1=1.27, sigma=0.47, n=100,
mx=6.8, sdx=3.5){
 x<-round(rnorm(n, mean=mx, sd=sdx), 1)
 eps<-rnorm(n, mean=0, sd=sigma)
 y<-round(beta0+x*beta1+eps, 1)
 return(data.frame(x=x, y=y))
}
```

```
makemissing<-function(data, p=0.8){
 rx<-rbinom(nrow(data), 1, p)
 data[rx==0, "y"]<-NA
 return(data)
 }
test.impute<-function(data, m=5, method="norm", ...){
 imp<-mice(data, method=method, m=m, print=FALSE, ridge=0, ...)
 fit<-with(imp, lm(y~x))
 est<-pool(fit)
 tab<-summary(est)
 return(tab["x", c("est", "se", "lo 95", "hi 95", "fmi", "lambda")])
 }
simulate<-function(nsim=10, seed=41872){
 set.seed(seed)
 res<-array(NA, dim=c(4, nsim, 6))
 dimnames(res)<-list(c("predict", "pred+noise", "Bayes MI", "boot
MI"),
 as.character(1:100), c("est", "se", "lo 95", "hi 95", "fmi", "lambda"))
 im<-c("norm.predict", "norm.nob", "norm", "norm.boot")
 for(i in 1:nsim){
 data<-createdata()
 data<-makemissing(data)
 res[1, i, ]<-test.impute(data, method=im[1], m=2)
 res[2, i, ]<-test.impute(data, method=im[2])
 res[3, i, ]<-test.impute(data, method=im[3])
 res[4, i, ]<-test.impute(data, method=im[4])
 }
 return(res)
```

```
}
res<-simulate(100)
apply(res, c(1, 3), mean, na.rm=TRUE)
true<-1.27
bias<-rowMeans(res[, , 1]-true);bias
isin<-res[, , 3]<true&true<res[, , 4]
cov<-rowMeans(isin);cov
```

附录 4　原始数据（部分）

项目		单位	1	2	3
省份			四川	四川	湖南
柑橘品种			丰橙	丰橙	冰糖橙
一、物质与服务费用		元			
（一）直接费用		元			
	1. 农家肥费	元	191.67	200.00	167.60
	2. 化肥费	元	300.00	80.00	
	3. 塑料薄膜费	元			64.62
	4. 农药费	元	90.00	105.00	
	5. 黄板费	元			
	6. 杀虫灯费	元			
	7. 捕食螨费	元			
	8. 畜力费	元			33.85
	9. 机械作业费	元			
	10. 排灌费	元	30.00	20.00	3.69
	11. 燃料动力费	元	16.67	10.00	
	12. 棚架材料费	元			
	13. 其他直接生产费	元			423.60
	直接生产费用小计	元	628.33	415.00	
（二）间接费用		元			
	1. 固定资产折旧费	元			
	2. 果园建设费用分摊	元	40.00	40.00	1.23
	3. 小农具购置及修理费	元	16.67	10.00	
	4. 生产性贷款利息	元			7.69
	5. 管理费及其他间接生产费	元		10.00	21.54
	6. 销售时发生的费用	元	16.67	2.00	30.46
	间接生产费用小计	元	73.33	62.00	
物质与服务费用合计			701.67	477.00	
二、人工成本		元			
(一) 直接用工费用		元			67.69
	1. 生长期间管理用工费用	日	577.50	412.40	53.85
	2. 果实采摘费用	元	210.00	155.00	20.31
	3. 冬季果园管理用工费用	元	350.00	250.00	

续表

项目		单位	1	2	3
	4. 其他直接用工费	日			1.08
	5. 当地雇佣劳动日工价	元 / 日	70.00	50.00	70.00
	直接生产用工费用小计		1137.50	817.40	
（二）间接用工费用					
	1. 初期生产用工分摊				
	2. 经营管理用工		16.67	10.00	
	3. 一事一议筹工				
	4. 其他间接生产用工		33.33	10.00	58.46
	5. 销售用工		16.67	20.00	58.46
	间接生产费用小计		66.67	40.00	200.31
人工成本合计			1204.17	440.00	
三、土地成本					
（一）自营地折租		元			
	1. 承包集体土地（自营地）	元	200.00	200.00	
（二）流转地租金					0.31
	1. 承包集体机动地（流转地）				
	2. 承包他人土地（转入）				19.98
土地成本合计			200.00	200.00	
四、成本与收益核算					381.54
（一）总产量			2000.00	1100.00	2289.23
（三）总产值			6000.00	3850.00	0.09
（二）平均出售价格			3.00	3.50	6.00
（四）生产总成本			2105.83	1534.40	1889.02
（五）净产值（毛收入）			5298.33	3373.00	1668.72
（六）纯收益（净利润）			3894.17	2315.60	4.27
（七）成本纯收益率			184.92	150.91	277.80

致　谢

本书最终得以完成，笔者衷心感谢所有关心、支持、帮助我完成学业的老师、领导、同事、同学、朋友及家人。

首先要衷心感谢我的博士生导师华中农业大学经济管理学院的祁春节教授。祁老师知识渊博、治学严谨、在工作上孜孜不倦、精益求精；在学术上见识非凡、硕果累累；在教学上师德高尚、诲人不倦。祁老师引导我进入农业经济管理领域，指导我利用统计专业知识背景与农业经济管理领域相结合，为我的研究之路指明了方向，提供了许多帮助。恩师言传身教、身体力行、在做人、做事、做学问方面为都我树立了榜样。

其次要感谢我工作单位的领导和同事，董继华教授、黄少年教授、肖丹桂教授、张家胜教授、段丁强教授、熊少平教授等，是他们的关切、帮助和支持使我能完成这项研究。

最后还要感谢我的家人，特别是我的妻子熊巍，还有活泼可爱的女儿，在苦恼和困惑时给予我甜甜的微笑让我重拾信心，充满斗志。他们的无私奉献和全力支持是我潜心研究的依托，谨以此书作为我对家人的回报，并献上我最诚挚的爱！

潘传快

2017 年 12 月 6 日